3・11――〈絆〉からの解放と自由を求めて

田中かの子 著

北樹出版

3・11――〈絆〉からの解放と自由を求めて　目次

3・11——〈絆〉からの解放と自由を求めて

はじめに

西暦二〇一一年（平成二三年）三月一一日、午後二時四六分、地鳴りのようなゴォーという音が空のほうから聞こえてきた瞬間、大きな横揺れが始まった。いまに止むだろう、早く鎮まってほしいと念じながら、いつまでも揺れ続けるのを体感するうちに、これは、いつもの小規模な地震ではなさそうだ、という確信が動かぬものとなり、足許から、あらゆるものが崩れてゆくような、底知れぬ恐怖感をおぼえた。この現象が、これからの人生、日本の社会、さらには世界全体へと、どのような影響を及ぼしてゆくのかは予測もつかないまま、物が落下し、散乱してゆくありさまを茫然と見まわしていた。およそ二分間続いた震度六強の大地震を、未曾有の災害を引き起こした「東日本大震災」として再認識できるようになったのは、水道や電気などのライフラインが復旧してからのことである。

あの横揺れが海洋を大きく揺さぶり、津波を増幅させる巨大な力になったのだ。さらにはその力が、福島第一原子力発電所の建屋を爆発させた要因の一つとなり、放射性物質を拡散させた。色も臭いも、その気配すらもわからない、いわば「目に見えない津波」は東日本の広範囲に波及したが、なかでも、原発周辺の住民は現在も、避難先・移住先での苦難と闘っている。風評被害も学校でのイジメも、無くなってはいない。病苦や自殺（自死）による震災関連死は、岩手県や宮城県よりも多く、年々、増えているという報告もある。[1]「目に見える津波」の到達した地域に比べ、被害の実態がわかりづらいので、第三者による誤解や偏見の眼にさらされやすい。

そもそも、亡くなった人の数や、被災状況の軽重を比較し始めると、津波には遭わなかった人、原発事故の影響下にはない人、家族や友人との再会がせめてもの救いになっている人などが、それぞれの悩みを打ち明ける勇気を失い、鬱屈した感情を抑え込むことになる。「自分の不幸など、まだましなほうなのだから、グチを言うのはよそう」「みんな悲しいのだから、泣くのはがまんしよう」という諦めの思いは、「自分ほど不幸な目に遭った人間はいない」という絶望感と同様に、深刻である。それに対して、失ったものが余りにも大きすぎると、自分よりも幸運な、恵まれた状況で暮らしている人のことが妬ましくなる。その怒りを抑えきれないでいるのも、辛いものだ。

また、津波発生から日にちがたつにつれ、遺体が見つかった人の家族よりも、見つからない家族のほうが不運であるかのように思われて、火葬して遺骨を墓に納められないがゆえの苦悩を深めた人もいた。お互いに、死の悲しみは同じなのだから、見つからない人のほうが「かわいそう」「浮かばれない」などと言うのは、いかがなものか。供養することが本人（帰らぬ人）の慰めになるというのは、物的証拠としての遺骨があるかどうかに関係のない、純粋に精神的な世界での事柄であることに気づくべきであろう。

被災民それぞれの悲しみは、命を失ったのか、生き残ったのかにかかわらず、他人のそれとは代替えのきかない独自の重みを持っている。どの被災体験からも、後世に残すべき貴重な証言を引き出せるのである。ゆえに、遭遇したのが天災（地震と津波）だけなのか、天災と人災の両方（地震と津波と原発事故、地震と原発事故）なのかは、問題にしないほうがよい。

本書の執筆は、３・11以降、好んで報道された、救出や再会の明るいニュースではなく、報道の材料として取り上げられることもなく、気づかれもしないで疎外されてきた影の部分に、ささやかな光を当てたいという切実な願いを動機としている。「大切な人」が大切にされ、「愛する人」が愛されるのは当然だとしても、その他の人（特に大切でもなく、愛しているともいえない人）に対してはどうなのか、という点に気づいてほしいのである。

さらには、震災後の復興を呼びかける社会の動向についても、鵜呑みにするのではなく、もっとこんなふうにも考えられるのではないか、ほんとうにこれでよいのだろうかという疑問の生じた事柄に対しては、問題提起したい。そして、「なぜ、わたしが？」「なぜ、あの人が？」と叫ばずにはいられない、人間の生死を分けた災害の不条理については、宗教的次元からのアプローチもおこなう。

第1章では、先述の「疑問の生じた事柄」を指摘することで、全章の基本姿勢を示す。特に、慣用句になってしまっている言葉の功罪を指摘する。無批判なままに使い慣れている、人間の作り出した言葉が、人間自身の考え方・生き方を、いかに支配しているのか、について考える機会を作ってみたい。なかでも、〈絆〉という漢字には、一見、耳に心地よいイメージを呼び起こすかのようにみえて、実は、束縛の要素が色濃いという問題性がみられる。続く第2章と第3章は、その〈絆〉をキーワードとした論考である。

第2章は、「気づかれもしないで疎外されてきた影の部分」の一端に言及する。

いずれは必ず生じるといわれる3・11規模の災害に際して、疎外される孤独な人びとの多い都市部の住民の被災が、特に気がかりである。そのための備えとして、実際に筆者が遭遇した事例も併せた「影の部分」に注目し、災害が起こるずっと前からの苦悩が、災害をきっかけとして、にわかに深刻化することに、世間の注意を喚起したい。本書の力点は、この章にあるといってよい。

第3章は、3・11で死別した人びとに対する想いを抱えながら生きている被災者たちからの質問に対応した筆者自身の思案の跡を、主に仏教的な立場から解説する。「仏教的」といったのは、「仏教」それ自体の教義にとらわれ過ぎると、現実に生じている目の前の苦悩から乖離した対応しかできなくなる、という事情があるからである。いちばん大切なのは、その人自身の希望に即した、臨機応変、融通無碍の対処方法を見つけることではないだろうか。実は、それこそが、釈尊の対機説法を旨とする「仏教」の本質なのではないか、というのが、筆者の偽らぬ実感なのである。

第4章では、3・11以降の避難所、仮設住宅での生活状況をめぐるいくつかの問題点を少しでも解消するための工夫を提案する。「個室シェルター」の設置と、筆者のインドでの生活体験に基づくトイレ作法は、避難所生活を改善するための工夫である。

本書の内容は被災地での見聞に基づいているが、被災者の一人として、第三者の取材を受けることの辛さ、煩わしさを体験しているので、被災している人びとを「調査」するという態度は慎むことにした。調査用紙の配布やインタヴュー（聞き取り調査）などによる効率のよいデータ収集の代わりに、相手との何気ない世間話に根気よく耳を傾ける歳月を費やしてきたのである。そのなかでも、こちらの職業について訊かれた場合は、仏教をはじめ、宗教全般に関わる問答や対話をおこなったり、節水しながらの快適なトイレ作法を提案したりと、現地でのニーズに応えた交流に発展する。「研究調査」の利益よりも、教えを受けている方々への御礼としての、ささやかな社会貢献を優先するほうが、学問の質的向上にもつながり、悔いなく生きることができるのである。

被災地で知り得た情報の発表が、現地に対する世間の関心を集めるだけではなく、住民の生活をかき乱す恐れのある場合は、発表を控えてきた。発表に及んでも、プライヴァシーを保護する匿名・仮名を用い、地域名を避ける、個人を特定できない書き方をする、などの配慮をおこなっている。

ではなぜ、3・11から七年目のいまになって、このような論考をまとめようとしているのか、という問いかけをする人には、次のように応答したい。

「人が失踪して、行方がわからないままになっている場合、その死亡が法的に認められるのは、ようやく七年が経過してからのことです。どこかで生きているかもしれないので、捜索しながら、失踪者からの連絡を待つための歳月が必要だからです。それに対して、地震と津波の力が猛威を振るった3・11の行方不明者たち（特別失踪者）は、その生存が絶望的と考えられたために、早くも三ヶ月後には、死亡届が受理されるようになりました。どんなに壊滅的な災害でも、一年は待つべきところを、たったの三ヶ月で「死者」とみなされたのです。気持ちの整理もつかないまま、行方不明者との「死別」を受け容れるしかなかった人びとの気持ちを想えば、3・11から七年目にあたる今年（二〇一八年）こそ、当時の記憶を新たにすべき時機なのではないか、と思えてなりません。

捜しに来る家族のいなかった方、身元不明の方を含め、あの日、突然、旅立たなくてはならなかった方々の慰霊と鎮魂のために、この論考を捧げます。」

第1章　いくつかの問題提起

1　復興支援ソング「花は咲く」への違和感

震災からまもない頃、テレビが付くようになった地域で視聴されていた、タレント、俳優、スポーツ選手などからのメッセージのなかでも、「夜明けのこない夜はない」という女優のセリフが、「夜明けの光に浮かび上がる現実の厳しいありさま」と向き合う人びとの怒りを買った。「夜明け」の前向きなシンボリズムを敢えて理解しようとするよりは、テレビを切ったあとの思慮深い沈黙を選ぶほうが心の健康に良いことを、当時の被災者たちは心得ていたように思う。何らかの行動を起こす必要から、何を試みたとしても、かならず非難されるのが人の常であるとはいえ、テレビ画面の向こうから一方的に配信されてくる「復興」支援プロジェクトの試みが、心から歓迎されていたわけではなかった。被災地の復興を支援するチャリティー活動を急務とする行政上の立場からすれば、女優の発言が被災者の顰蹙を買ったとしても、その出演料さえ寄付されれば、事足りるのであろう。だが、被災者からすれば、そっとしておいてほしい最中の番組企画が有難迷惑になりうることにも、気づいてほしかったのである。

以上の事例よりも厄介だったのは、震災後、およそ一年が経過した頃、オリジナル・フルバージョンで流された、復興支援ソング「花は咲く」（作詞・岩井俊二、作曲と編曲・菅野よう子）のプロモーション・ビデオ（NKH総合、二〇一二年三月二八日）であった。(2)なぜ「厄介」なのかといえば、その旋律が、日本人の情緒に訴える美しいものであるがゆえに、心の傷を広げる恐れのある歌詞の問題性が、わかりづらくなっているからである。

岩井氏によれば、震災で「亡くなった方の目線から」作詞したのだという。

叶えたい夢もあった　変わりたい自分もいた
今はただなつかしいあの人を思い出す

二十代の息子さんを津波で失い、その行方がわからないでいる母親のSさんは、この詩を聴いた瞬間、心に開いた大きな穴を、釘のような鋭いもので、さらにえぐられるような痛みをおぼえたという。

「こんなことを、わざわざ、歌にするなんて、酷いことだとは思わないのでしょうか。もう戻ってこないことはわかっているのですが、この歌詞のように、たった一年前までのことを、懐かしむ、などという回想の世界に、息子を閉じ込めてほしくありません。あの日以来、わたしはいつも、あの子なら何を考え、どんなふうに行動するだろうと、一緒になって、生きてきたつもりです。お互いに、ただの思い出として遠のいてしまった存在ではないのです。亡くなってしまった人とのことは、心に区切りを付けさせ、生き残った人の暮らしを建て直そうとする復興支援の動きは、あまりにも性急で、無神経だと思います。第一、夢の実現は、本人にしかみえてこないはずなのに、なぜ、叶えられなかったかのように決めつけるのですか。この歌は、曲がキレイなだけに、なおさら、悲しい気持ちにさせられ、苦しみが増すだけ。言葉は何も要らないから、野鳥の声でも流してくれたほうが、ずっとましではないのでしょうか。」

亡くなった人と、生き残った人とのあいだに、回想することでしか、つながることができない、越えがたく、隔たりの大きな深淵があることをほのめかす歌詞に「違和感をおぼえた」という声は、他にも数多く聞かれた。

プロモーション・ビデオでこの歌をうたっていたのは、被災地とゆかりのある人びとだったが、彼らがどんなに泣きはらしたような顔で哀悼の念を込めたとしても、所詮、不完全な言葉には限界があった、ということなのだろう。瞑目し、黙禱する女優（鈴木京香）の姿をラスト・シーンで見せたのが、せめてもの手向けの花になった、というべきか。

震災による行方不明者の場合は、七年が経過して初めて「死亡」が認められる「普通失踪者」とは異なり、地震や津波など（災害）の危難が去ってから一年が過ぎれば「特別失踪者」の失踪宣告（死亡宣告）が下り、死亡届が受理される。だが、その「一年」が「三ヶ月」にまで短縮された。遺族年金の支給を早める方針が閣議決定されたからである。生存の可能性がもはやゼロに等しい状況下でも、帰らぬ人の行方を捜し続ける家族のなかには、別離（死別）を急に迫られたかのような、諦めきれない思いに苦しんだ人もいたのだ。

離れ離れになってからもう「一年」がたっているとしても、母親にとっての子どもの存在は決して、死んでしまったものなのではない。たとえ遺体が見つかったとしても、である。

花は　花は　花は咲く
いつか生まれる君に
花は　花は　花は咲く
わたしは何を残しただろう

これから生まれてくる子どもたちに視点を移行させる趣向はよいとしても、ここでの

「わたし」が「亡くなった方」のことだとすれば、「何を残しただろう」とわざわざ自問させることの真意は、どこにあるのだろうか。「何を残しただろう」という問いには、反語としての響きも感じられる。「あなたは何を残せたのですか」と訊かれて、自信を持って即答できる人が、どれだけいるというのだろう。むしろ、志半ばで、「何も残せなかった」自分の不慮の死（震災死）というものが、底知れない悲しみの渦となって迫りはしないだろうか。津波に流された苦悶の体験のみならず、「残したもの」が何かを考えさせ、「残せなかったこと」への反省まで促されているのだとすれば、これは、もはや帰れない人にとって、かなり残酷な歌詞ではないのか。第一、生き残った人にしてみれば、失った人の存在そのものがすでに、立派に「残されたもの」にほかならない。それ以上に「残したもの」が他にもあるのかどうかを、第三者である復興支援者から問いかけられたくはない、という反発の声が聞かれたのも、当然の事実なのである。「そんなふうに受け止めるのは誤解だ、考え直してほしい」というのなら、「わたしは何を残しただろう」という完了形は改めて、「わたしは何を残せるだろう」(3)などと書き換える必要がありはしないか。これから生きてゆく人たちの復興支援ソングとしてなら、異存はない。

「花は咲く」の歌詞全体を読み通せば、春風の吹く雪道にやがて花が咲き、夜から朝になった明るい世界のなかで、人と人がつながり、励まし合いながら、花咲く未来への希望に生きてゆく姿をみることも、できる。だがやはり、どう見直しても、「なつかしい」という回想のリフレインが、無情な津波のように、帰って来ない人たちを、この世から、やんわりと押し流そうとしているのを、認めないわけにはゆかないのである。

生死を境にするだけで、やわらかな歌心の世界においても、人と人を引き離す手続きが必要なのだろうか、そもそも、言葉の呪力などで、ほんとうに引き離せるものなのだろうか、という疑問が生じる。3・11から七年たった今も、その思いは変わらない。

2 「生者と死者」は、便宜上の二分法

本書では、これまでのところ、医学的にも、宗教的にも、永らく峻別されてきた「生者と死者」という二項対立型の概念を、敢えて、一度も使わなかった。その主な理由は、次の三点にまとめられる。

（1）つい、さきほどまで生きていた人の身に起こったことを、本人も、遺された人も、そうすぐには納得できない、納得したくない、という思いが、3・11の被災地、特に、津波の襲来地では、強く残った。あまりにも圧倒的な力によって、信じがたい突然の最期を体験したからである。震災後、続々と語られるようになった、家族との〈再会〉を果たした霊的存在（幽霊、霊魂などと呼ばれるもの）のエピソードは、ついには自らの死を受け容れながらも、悲しみに暮れる家族と復興途上にある故郷の様子が心配でたまらない人びとの心情をあらわしている。つまり、ここでの「生者と死者」は、この世での〈絆〉に恵まれていた人どうしが、「生と死」の境界を乗り越えて交流することで、生きた関係を結んでいる。それはちょうど、編み笠を深く被った盆踊りの輪に「死者」（先に逝った人たち）も参加して、その面影をふと覗かせるように〔註（38）参照〕、ごく自然な情景として、日本人の共感を呼び起こす。ここでの「死者」は、いわば、生きているので、「生きている死者」などという矛盾した表現しか思い浮かばないような、境界を往来する存在である。ゆえに、「生者と死者」という二分法を無闇に用いるわけにはゆかないのである。

（2）前述のような〈再会〉は起こらないまま、墓への葬りや慰霊碑での記念を機に、「死者」の記憶が徐々に風化してゆくのを恐れる人もいる。建てられたモニュメントの物質としての劣化が「死者」の忘却に重なって見えるのは、辛いことである。ならば、いっそのこと、何も建てないで、形見の品、写真、ビデオ・テープなどをよすがに、逝った人の存在感を身近に感じる日々を送ったほうが、心の安定をはかることができる。そのように考える場合もまた、「死者」は「生者」として遇されるのであり、文字通りの「生者」（遺族）との間に、確たる境界は、敢えて認識されてはいない。「生者と死者」という二分法は、ここでも反故にされている、といえるのである。

それに対して、墓に納めた遺骨や記念碑が、「死者」を「生者」に等しいものとして活かし続けるためには必要だという考え方もある。この場合も、「生きている死者」を、過去の存在でしかない「死者」とはみなしたくない、家族の心情が強くはたらいている。

（3）実際には生きているかもしれないのに、もう二度と会わないであろう、安否・消息の不明な人は、生き別れか、死に別れか、にかかわらず、「死者」に等しい存在として、追憶されることになる。まして、会いたくもない人は、生きていても、完全に「死者」として葬り去られ、忘れられてしまう。このようにして、好悪（好き嫌い）の情は浅ましく、過去に追いやられてゆくのは、悲しいものである。

　逆にいえば、安否が確認できず、すでに死亡しているのを知らなかったとしても、その人の存在をまざまざと身近によみがえらせ、対話できる関係を築けるのならば、その人はいま、現に「生きている」のである。それは、手を伸ばせば触れることができても、引き離されたが最後、二度と会えない時空での出来事なのではなく、「いま、共にある」実存的な体験なので、「生か死か」に左右されることがない。それが自分の死後も継続するのか、この生涯限りのことなのかはともかく、「生者と死者」の二分法を超える境地のなかでは、最も抽象的なものでありながら、どんな過酷な状況下[4]でも、時と場所を選ばずに実現できる〈再会〉なのである。そのためにはやはり、別離以前からの〈絆〉が前提条件となる。

　震災後七年たっても、多くの行方不明者がいる状況のなか、彼らの〈実存的な生存〉を実感するために文学の力を借りるのも、一つの方法である。例えば、本章に登場した母親のSさんは、宮澤賢治作『銀河鉄道の夜』の次のような一節を挙げる。

> 下流の方の川はいっぱい銀河が大きく写って、まるで水のないそのままのそらのように見えました。
>
> ジョバンニは、そのカムパネルラはもうあの銀河のはずれにしかいないというような気がしてしかたなかったのです。
>
> けれどもみんなはまだどこかの波の間から、
> 「ぼくずいぶん泳いだぞ」と言いながらカムパネルラがどこかの人の知らない州にでも着いて立っていて、だれかの来るのを待っているかというような気がしてしかたないらしいのでした。[5]

カムパネルラは、級友のザネリが舟から落ちたのを助けたあとで行方不明になり、捜索しても、その遺体は見つからなかった。ついさきほどまで、カムパネルラと銀河を旅していたジョバンニは、彼の死を実感することができなかったし、ほかのみんなも、どこかに泳ぎ着いた、元気な姿のカムパネルラしか想像できなかったのである。銀河系の星々が映り込んだ美しい川の流れを描写した一節が、津波の濁流を心のなかで浄化し、流されてから今も帰らない人の行方が、空の彼方でもあるかのように思われてくる。息子さんとの〈再会〉を夢のなかで果たしたSさんは、目が覚めてからこの箇所を読んで、初めて心が癒される気がしたという。そして、「遺体など見つからないほうがいい。希望は持ち続けたまま、生きてゆく力を少しずつでも、取り戻してゆこう」と思えるようになった。この心情は、戦死の公報を信じずに、息子の生還を待ち続けるのを生きがいとする家族のそれに、限りなく近いのではないか。

　確かに、銀河鉄道の乗客は、ジョバンニを除いては、全員が、いわば、三途の川を渡ろうとしている人ばかりだった。タイタニック号のような客船で遭難した人びとも、イエスとおぼしき人物のもとに召されるために、途中下車していった。ジョバンニと二人きりになったカムパネルラが、突然、どこに往ったのかは明らかではないが、先に逝った人と再会できる[6]浄土らしき場所が、ジョバンニの眼には見えない他界として描かれている。

『銀河鉄道の夜』を初めて読んだ子どもの頃は、それが「生者（ジョバンニ）と死者（カムパネルラ）」の体験する旅であることに気づかなかったが、かえって、それが幸いした。どの登場人物の姿も、生き生きと身近に感じられたからである。「生」と「死」とでは身の置きどころが違っていても、共にあって交流するうえでは、何の障害もない。作者のねらいも、そこにあったのではないだろうか。

「生者と死者」の峻別には、行政上の便宜をはかり、「生者」にも「死者」との距離をおいて日常生活に復帰させるという実利的なメリットも認められるのだが、「生者」の内面においては、そう簡単には割り切れないものがある。「生きている」とは、ほんとうは、どんな状態をいうのか。「死んでいる」とは、ほんとうに、われわれが想像しているような状態のことなのか。「生きている」はずのわれわれでも、「死んでいる」も同然の生き方をしていることがあるし、「死んでいるはず」の人びとが、われわれを死の淵から救うほどのリアリティーをもって、現れることもあるだろう。3・11のような大災害によって死が身近なものになると、「生と死」の境界が実は、極めて曖昧なものなのではないか、という疑問が生じてくる。自分自身が「死」を体験することで、その答えがわかるのかどうかは、時間の問題である。

以上のような経緯によって、本書ではこれからも、不便は承知のうえで、敢えて「生者と死者」という対比の仕方はおこなわないことにしたい。「死者」と対になる「生者」の代わりに、「生きている人」「生き残った人」「生存者」「遺族」「家族」などと言い換えをしてゆく。「死者」のことは、「先に逝った人」「亡くなった人」「帰らぬ人」「落命した人」「故人」「（遺体の引き取り手がいない、あるいは、DNA型鑑定等によっても個人の特定のできない）身元不明者」などと表現する。いずれも、文脈に応じて、使い分けたい。「行方不明者」については、生死の判断を差し控える。「生者」と「死者」という便利な使い分けに甘んじることなく、葬り去られるのを何よりも悲しむであろう「帰らぬ人」と、その帰りを待っていたい「家族」らの本心を尊重したいからである。

3 「必然」よりも「偶然」

なかでも津波の襲来地で、かろうじて生き残った人のなかには、「生死を分けたのは、一瞬の判断と、いくつかの偶然でしかない。たまたま助かったこの命も、あの時の状況しだいでは、どうなっていたかわからない。だからこそ、津波に流されて帰れない人たちのために、できることは何でもしたい。捜している家族のもとに、一刻も早く帰してあげたい」と考え、遺体の捜索や供養に関わるボランティア活動にあたる姿が、多くみられた。震災以前からすでに地元の結束が固い地域では、その気概が強い。

地震直後、神社の境内などの安全な高台へと、まっしぐらに避難しないで、いったん自宅や職場に戻ったり、学校へ子どもを迎えに行った人の多くは、津波の急襲に遭遇した。流されながら、浮いてきた家の屋根や柱などに身を託せたかどうか、乗用車から脱出できたかどうか、助けを求めた時、助けられる体力のある勇敢な人が付近にいてくれたかどうか、背丈の高い樹木の枝につかまれたかどうか、などは、その人自身の意志とは、必ずしも関わりなく生じる、偶然の出来事（生きるか死ぬかのどちらになってもおかしくない危機的状況）だといえるだろう。

とはいえ、助かった人びとの証言(7)をみると、ここでは危険だと直感した場所からは迅速に離れる、浮力のある物が流れてきたら必ずしがみついてみる、死んでたまるかという気持ちで救助を求めるのを諦めない、などの心がけがみられることも確かなのである。そのような心づもりでいたとしても、助からないこともあるだろう。それを思えばなおさらのこと、生き残った人びとの貴重な体験は、将来、より多くの人を救うための道しるべになるはずだ。

つまり、防災（もしくは減災）を推進させるためには、災害による生死の違いは「偶然」の要素に左右されるという考え方が必要になるのである。生か死かの結果が「必然」の為せる業（わざ）だということになると、「生き残った人は、ご先祖さま（あるいは神さま）の加護を受けていたからだ。その他大勢の人々は、初めから助からない定めにあったのだ」という運命論（決定論）の支配するところとなり、被災の規模を狭める堤防の建設も、昔から伝わる「津波の時はてんでんこ(8)」（互いを捜しあう時間を惜しんで、各自がてんでんばらばらに、高台へ避難しろ）の教訓も、住民のすべてが共有できる、意味のあるものではなくなってしまう。どんなに努力しても助からないのだから諦めろなどといわれて、承服できる人がいるだろうか。

ならば、「必然」の思想は、先祖の見守りを祈る日本古来の神道や、前世から蓄積している業（ごう。カルマ）の影響力を説く仏教などに由来する宗教的なものなのか、といえば、決して、そうではないのである。最善の行動を選択しながら、人生の新しい展開に希望をつなぐことを教えるのが、諸宗教の本意だからである。

「加護を受けて助かった」と感じるのは、その人が日頃から、先祖を敬い、神の教えを尊んでいたからなのだが、そうではなくても助かった人もまた、その幸運に対し、敬虔な感謝の思いを持つはずだ。何ものかのお蔭で命拾いした、という感慨の背後には、いくつもの予測できない「偶然」が重なっている。信仰の有無にかかわらず、あらゆるすべての人の身を案じている神も仏も、この「偶然」に介入することはしない。

そもそも、神道は、身心の気《け》枯《が》れを禊祓《みそぎはらえ》で洗い浄めて、日々の暮らしを新たにする生き方を教える。ご先祖は、草葉の蔭から子孫を見守り、時には助けることもあるが、それが子孫の人生を運命づけることはなく、子孫の将来は、子孫自らの努め励みにかかっている。

仏教は、業《ごう》（考え、ことば、行動）のはたらきが次の生涯に持ち越される（相続される）という業思想によって、いま生きているこの世での生き方を、より正しく、より善くするように勧めるインド起源の宗教なのだが、世間からは、悲観的な運命論として誤解されることが多い。

自分自身の意志で、どんな行動を選び取るのかによって、この人生をどうにでも切り開くことができるのは、この世の状況（現象世界）が、時々刻々と移り変わって、一瞬たりとも滞らない（よどまない・固まらない・同じ状態のまま存続しない）もの（諸行無常・諸法無我）だからである。それによって、人間それぞれの「これから」にも様々な変化の可能性が生まれる。そこには、過去世から相続した業を清算してしまえる余地さえ残されているので、諦めの境地にひたっているような暇はないはずなのだ。したがって、人生を「必然」的に決定してしまうような、何らかの支配力は、どこにもみられない。仏教は、変わってゆける・変えてゆける自由が誰にでもあることを示す実践哲学である。予測できない「偶然」の要素があるからこそ、変化できるのだということに気づくべきなのだ。

つまり、震災の過酷な状況下においても、「必然」よりも「偶然」のほうに救いがみられる、ということになる。

「なぜ、わたしが生き残り、あの人が助からなかったのですか」という不条理の「意味」を問うのは、人間だけかもしれない。「たまたま助かっただけ」と言う生存者が、「偶然」を信じるのは、考えたところで、いくつもの解釈に迷わされるくらいなら、「意味」を問わずに、いまの状況を受け容れようと、達観しているからなのであろう。

4 「犠牲者」と呼ぶことの弊害

災害のために命を落とした人のことを「犠牲者」と呼ぶことがある。これまでのところ、そのような表現に疑問を呈して、批判するためのまとまった議論を見かけることは、なかったように思う。メディアでも、ごく当たり前に、「犠牲者」の数ばかりが報道される。

そもそも、何のための、あるいは、誰のための「犠牲」だったのか、という疑問が生じる。「犠牲」には、誰かが「身代わり」となって命を捨てることで、他の誰かに起因する

「罪」が赦され、救われるという「代償」即ち「身代わり」の意味があることを知るべきである。

この「犠牲」という観念は、古来、「いけにえ」を神に捧げる祭儀のなかにみられるものだが、いまも繁栄を続けている世界の諸宗教のなかでは、キリスト教が、最も顕著に、「犠牲」の死に積極的な意味づけをおこなってきたといえるだろう。その起源は、神に離反したこと（罪）を謝罪するために、牡牛や子羊などの家畜にその「罪」を移し、「いけにえ」として捧げる、遊牧民の生活に根ざしたユダヤ教の祭儀にある。二十世紀におけるユダヤ人迫害をめぐってにわかに注目を浴びた「ホロコースト」（燔祭）も、もとはといえば、「いけにえ」の動物を火で焼き尽くす、贖罪の行為（出エジプト記二九・四二、レビ記六・一―二三）を意味している。

その歴史上に発祥したキリスト教では、罪のない、神の子イエス自身が、その「いけにえ」（神の子羊）となって十字架上の死を遂げ、復活した（死に勝利した）と説く。人間が、自分では償いきれないほどの罪を重ねてきたので、死に至る厳罰（死刑）を受けなくては神の赦しを得られない（罪を清算するための償いができない）、という深い反省が、イエスの死を「贖罪」（人間の身代わりに死んで、人間に対する赦しを、いわば買い取る・贖う行為）の犠牲《いけにえ》として受け止めることにつながった。ゆえに、十字架上のイエスに対し、「罪深いこの自分のために死んでくださった」と痛感して心底から懺悔できることが、入信の基本条件になるのである。

例えば、長崎に原爆が投下された直後から医療活動を続行し、被爆のために自らも斃れた医師の永井隆（一九〇八―一九五一年。カトリック信者）は、終戦の年の十一月二十三日におこなわれた浦上での合同慰霊祭で「神は犠牲を求められた」と言い、「尊き子羊」として浦上の信者八千人は、神に召されたのだという見解をあらわした。これに対し「異議あり」と叫び、被爆死は「神が求めた犠牲に非ず」（神の摂理に非ず）と反論した会衆もいた。(9) 原爆投下以前から終戦直後までの永井とその家族を描いた木下恵介監督の映画『この子を残して』（一九八三年）では、その冒頭に、雨が降りしきる長崎を訪問した第二六四代ローマ教皇ヨハネ・パウロ二世（在位・一九七八―二〇〇五年）の動画が映し出され、「戦争は人間のしわざです」という声明が響き渡る。

イエスの贖罪に関するキリスト教会史上の教義を、人間どうしが起こした戦争のために殺された人びとの死にまで当てはめてしまうことの重大な過ちを、ペテロの使徒職を継承するカトリック教会の最高責任者が指摘しているのである。わざわざ、自らが一度限りの「犠牲」となって人間の罪を贖いとったイエスの愛（福音の教え）を無視して、被爆死にまで「身代わりの尊い死」をみようとするのは、間違っているという主張でもあるのだろう。広島と長崎における被爆地の市民は、決して、尊い「犠牲」をはらって平和な世の中をもたらしたのではない。むしろ、「犠牲者」扱いされ、あたかも殉教者のように讃美されてしまうことで、戦争犯罪の根本原因や、責任者の追及をおこなうための問題意識が育たなくなることを危惧しているはずなのだ。

二〇一一年九月一一日におこなわれた「3・11東日本大震災を心にとめ、死者への追悼・被災者への慰め・被災地の再生を求める礼拝」（主催・カトリック中央協議会、日本キリスト教協議会。協賛・日本福音同盟、東日本大震災対策室）では、神が創造した自然の大きさを軽視した人間の愚かさに触れてはいるものの、地震や津波を、神の怒りによる「天罰」として述べた箇所は、どこにもみられない。いまは亡き人の命も、いまも生きる人の命も、神の祝福とあわれみを受けられるよう、願い求めることに徹している。「主よ、あわれみたまえ」(ギリシャ語の「キリエ・エレイソン」)のリフレインは、キリスト教の修道院生活を支えてもきた伝統的な祈りであって、震災の悲劇に特化したものではない。人間の弱さ、はかなさに対する神の加護を願うための言葉だからである。信仰の有無を問わないこの合同礼拝の姿勢にこそ、キリスト教本来の精神があらわれているのではないか。

「犠牲者」という語をいつまでも無批判に使っていると、将来、同様の事態が生じてもなお、「身代わり」となってくれる人の「犠牲」を肯定し、戦争という巨大な暴力のために参戦・出兵することにも疑問をおぼえなくなってしまうだろう。「犠牲者」の讃美や神格化が、彼らを「犠牲」にした当事者の罪悪をうやむやにしてしまう。そんなことでは、世界の平和は、永遠に実現しない。歴史は繰り返されるのであろうか。

戦争による死のみならず、3・11の地震、津波、原発事故による死もまた、死なないでも済んだかもしれない可能性を否定しきれない、対策可能な出来事としてみてゆかなければいけない。死ななくてもよかった人びとの無念さに報いるためにも、宗教的なニュアンスを含んだ「犠牲」の観念に振りまわされないようにしたい。戦争や震災の悲劇を世直しの「天罰即天恵」とする思想家や政治家などの[10]「犠牲者論」が世を騒がせぬように、メディア全体が、「犠牲者」の語を使わない努力をするべきなのである。

キリスト教徒がきわめて少ない日本社会であるにもかかわらず、キリスト教的な贖罪論からの影響を受けたと思われる「犠牲者」の観念がしばしば現れるのは、キリシタン禁制がようやく解かれた明治以降の、キリスト教に関わる知識人たちの言動によるものと考えられる。

宗教的な観念は、その宗教の枠内で用いるべきであって、枠外にいる信仰していない人びとの世界にまで波及させるべきではない。したがって、災害に関わる大自然の現象は、どこまでも、大自然そのものの為せるわざとして観察し、考え抜くことが肝要だ。なぜなら、自然現象の背後に自然を創造した者（神）の存在を観はじめると、自然の力を「天罰」としてとらえる余地を作ってしまうことになるからである。

地震や津波などの自然災害では、その破壊力がいかに圧倒的なものであっても、自然の営みそのものには、人間どうしの犯罪行為にみられるような悪意や害意はない。自然の巨大な力に対処できなかった人間の弱さを思い知らされた後でさえ、海と仲直りをして、漁に出られるようになるのは、海の恵みで生かされてもきた、人間の暮らしがあるからであろう。

自然が人間を「犠牲」にすることで、自然のためになったことがあるかどうかは、自然を擬人化して、その意思を想定することしかできない以上、答えの出ない問いなのである。(11)3・11の場合は、放射性物質が国土の自然に拡散したことから、人災による自然汚染も深刻化した。それが人間の生活をも脅かしているのだから、誰か・何かが「犠牲」になっても、他の誰か・何かが救われるという「代償」の論理は、成り立たない。

ゆえに本書では、「生者と死者」と同様、「犠牲者」という名詞もまた、用いることをしないであろう。思想をより明確にするには、用語の選択に極力、注意を払いたいのである。因みに、「被害者」という類似語もまた、「害を被った者」に対する「害を為した者」即ち「加害者」の存在を前提としているのであれば、「加害者」の害意がある場合にのみ、「被害者」の用法が成り立つことになる。自然災害（地震や津波など）には適用できないが、人災（原発事故など）の場合は明らかに「加害者と被害者」の関係を指摘できるのである。この点に注意すれば、「犠牲者」と同様、「被害者」を用いるべき文脈も、限定されてくるはずだ。とはいえ、「被害状況」のような表現は、自然破壊の「害」を被った場合にも使われるのが通例なので、「加害者」の有無を問わない「被害者」の用例も、認めざるを得ない。

だが、「犠牲者」の場合は、やはり、「犠牲者」を「犠牲」にした当事者の罪が問われなければならない。つまり、便宜上は、広義における「被害者」のほうが、応用しやすいといえるだろう。

5　「絆」という言葉の二面性

災害が生じると、お互いの安否や消息が案じられて、連絡網が大混乱をきたす。そのなかで連絡を取り合えた時、ふだんは気づかなかった家族や親友などとの結びつきがいかに有り難いものなのかを再確認した人びとが、二〇一一年の「今年の漢字」（京都・清水寺森清範貫主の揮毫。財団法人日本漢字能力検定協会主催）に選んだのが〈絆〉であったことは、当然であったのかもしれない。この年は、３・11の他にも、台風による豪雨の被害（新潟・福島）、タイでの洪水、ニュージーランド地震などの大規模な自然災害が発生し、世界中からの寄付や支援の手が差し伸べられた。同時に、サッカー日本女子代表「なでしこジャパン」がワールドカップで優勝するという朗報もあった。チームの〈絆〉が日本中の人に勇気と希望をもたらしたのである。

〈絆〉は、３・11以降の復興を支援する活動の旗印となり、震災による身心のダメージを癒してくれる人とのつながりを象徴する一語として、全国的な支持を集めた。日本人の多くは、〈絆〉という漢字に、誰にでも好かれる、優しさのかたまりのような、快いイメージを想い描くだけで、漢字の原意を敢えて調べようともしなかった。それは、「きづな」という日本語の語感に、好ましい意味だけを込めることに成功した、メディアの宣伝力が効を奏したからなのかもしれない。

では、古来、「きづな」という大和言葉に当てられてきた漢字の〈絆〉には、どんな意味があるのかをみてみよう。諸橋轍次の『大漢和辞典』には「絏」（セツ・セチ、①きづな、

②なはめ、③つなぐ）もみられるが、「絆」とほぼ同じ用法である。[12]「絆」（ハン・バン、①ほだし。きづな、馬の足をつなぐひも、物をつなぎとめるもの、②つなぐ。ほだす。つなぎとめる）[13]はもともと、人間が飼いならしている生きもの（馬、犬、鷹など）が逃げていかないよう、立ち木や柱などに、その脚をつなぎ止めておくための紐や綱をあらわす表意文字だった。それが、人間が他の人間を自らにつなぎ留める関係を表現する際にも使われ出したことがわかる。「絆」を用いた語のいくつかを例示すれば、

【絆縁（はんえん）】ほだしとなる因縁。

【絆縛（はんばく）】つなぎしばる。

【絆倒（はんとう）】ものにつまずいて倒れる。

【絆創膏（ばんそうこう）】疵口の開かぬやうに貼る、布地に薬を塗った膏薬。

【絆馬坑（はんまこう）】陥し穴。

主な用例のなかで、唯一、束縛の意味から離れているといえるのは「絆創膏」(14)だけである。人間どうしのつながりを示す用語は、断ちがたい恩愛、愛情、情実などの、好ましいが煩わしくもある関係（ほだし）を意味しており、人とつながることが手放しで喜ばしいものではないこと、情にほだされて、人生につまずくこともあることを示唆している。「絆縁」は、明らかに、仏教のいう人と人の「縁」を指しているのだが、その含意をさらに詳しくみるためにも、今度は、『全訳読解古語辞典』（三省堂）の「きづな」（絆）を参照してみよう。

①動物などをつなぎとめるための綱。
②仏道修行のさまたげとなる離れがたいつながり。絶ちがたい情愛。(15)

②では、源氏に破れた平氏の落人が、この世の絶ちがたい情愛を嘆く『平家物語』（「維盛都落」）の場面を例示している。古語の集成作業では、仏典や、その思想的影響を受けた文学作品からの引用が主体となるので、「きづな」の用例もまた、出家の障害となる

俗世への執着に関するものが目立っている。

「絆」を「ほだし」と読む場合も、
①馬の足をしばる綱。また、人の手足をしばったりして自由を奪う綱。手かせ・足かせ。
②（妻子など）人を束縛するもの。何かをする場合の障害となるもの。[16]
など、「自由を束縛するもの、とくに出家や極楽往生の障害となる、妻子・財宝などを意味する語[17]」として掲載されている。

『漢和辞典』や『古語辞典』にみられる〈絆〉には、現代の日本人にはなじみの薄い仏教的な観念もみられるので、そんな昔の用法をいまになって引用しても無意味ではないか、現代人のニーズに合わせた意味を持つ〈絆〉だけで充分なのだ、と考える人もいるだろう。

確かに、震災後における人と人の結びつき、助け合い、支え合う〈絆〉を欲する社会では、たとえ〈絆〉に人の自由を束縛する面があっても、それを束縛としてはとらえず、有り難いもの、心温まるもの、この生涯が終わるまで守っていきたいものとして、大いに歓迎するのが当たり前のようになってしまう。なるほど、「ほだし」「ほだされる」のは、お互いの愛情があるからで、それがあるからこそ、災害時の過酷な生活も乗り切れるのだ、と言われれば、その通りなのかもしれない。

だが、そればかりではないことにも気づく必要があるのではないだろうか。なぜなら、社会通念にも、辞典にさえも、人間どうしの絶ちがたい愛情を前提とした、ごく一般的な意味での〈絆〉しか取り上げられていないからである。「そんなことは当然ではないか。それ以外の〈絆〉など、あるはずがない」と言うのは、〈絆〉につなぎ留められていることで安心できる、幸せな人なのだ。幸せだと、大抵の場合は、幸せではない状況を想像することすらできないし、関心を持つこともない。

大きな災害が起こった時、メディアが積極的に取材・報道・出版し、援助の対象にもなるのは、〈絆〉に恵まれている人たちである。彼らは世帯ごとにまとまって行動し、日頃からの親密さから、狭くて不便な避難先でも、一緒にいること自体に不快感をおぼえることはなく、何とかやっていけるのである。ストレスが溜まればケンカにもなるけれども、それが一家離散、家出、あるいは自死をまねく深刻な事態につながることはない。

これに対して、幸せな〈絆〉に恵まれず、「ほだし」「ほだされる」こともない、愛情の欠落した、形ばかりの〈絆〉からの解放を求めてやまない人もいるのである。血縁関係の最小単位である「家族」の〈絆〉だけではなく、学校教育における「クラス」単位の〈絆〉もまた、震災を機に、一層の苦難を個人に強いることがある。〈家族〉や〈学校の友だち〉との〈絆〉を常に善いものとして扱う世間の影で、その桎梏に沈黙する人の数を調べることはできないが、わずかながらも顕在化した事例だけは、書き留めておかなければならない。

次章では、もはや帰らぬ人のなかにも、生き残った人のなかにも、〈絆〉から解放されることを願わずにはいられない状況があることに、言及してみたい。殊に、帰らぬ人のためには、その状況に触れることが供養にもなるのではないか。誰からも無視され、忘れられるよりも、気づいてもらえるほうが、うれしいはずだからである。それはどこまでも、遺された者、生き残った者の論理なのかもしれないが、現在のそうした気づかいが実は、自分自身の「死後の思い」を、この世で先取りしている、ともいえるのかもしれない。

第2章　堪えがたい〈絆〉からの解放を求める人びと

1　行方不明者と身元不明者

災害時、自分だけでは逃げない人は、守りたい誰かがいるからであり、死にそうな状況でも生き残りたいと強く願う人は、共に生きてきた誰かのもとに帰りたいという思いがあるから、なのであろう。逆にいえば、迎えに来る自分を待っている人、無事の帰宅を待ちわびる人がいてくれる、ということなのである。この双方向からの思いやりが見えない糸のようになって、災害が生じる前からの日常生活をしっかりと支えあう関係にあった人びとは、好ましい意味での〈絆〉に恵まれていた。だからこそ、生還した者どうしの再会は感動的だったし、生きては帰らぬ人の遺体を捜しあてた時の悲しみも、ひときわ、大きかったのである。

3・11から七年たった二〇一八年三月現在でも、「行方不明者」は、総計二、五三九人。「行方不明」とは、いまなお、行方を捜し続ける家族や友人・知人がいてくれることを意味しているのであろう。

遺体が見つかった人（身元が判明した人、死亡が法的に認定された人）は、総計一五、八九五人とのこと[18]だが、このなかには、個人を特定するための資料（DNAのサンプル、遺品など）が乏しいだけではなく、探しに来る家族が現れず、引き取り手のいない「身元不明者」も含まれているはずである。家族全員が亡くなっている人、地元との縁が薄い人、身寄りのない人、孤独な放浪者、失踪した家出人だったのかもしれない。あるいは、帰って来ない日数が「三ヶ月」を超えた時点で「死亡」を認める特別措置（遺族年金の支給）により、遺体が見つからないまま、「行方不明者」のリストからはずされたケースもカウントされているのではないか、と推測される。

「身元不明者」のなかでも、「孤独感がいちばん深いのは、家族が捜しに来ても、遺体の腐敗が進行していて、自分がそこにいることを知らせる手立てがない人よりもむしろ、捜してもらえないまま、火葬を後まわしにされ、遺体安置所に放置されていた人のほうだったのではないだろうか、いわゆる無縁仏として葬られたことに、寂しい思いをしているのではないか」などと想像するのは、家族の〈絆〉というものを好ましく思うからであろう。

想像に反して、家族に見つからずにひっそりと、善意の人たちの世話で供養してもらえたことを幸いに思っているのかもしれない。生きて帰らぬ人の胸中は不明だが、生前の〈絆〉から解放されたことを喜んでいるのだとすれば、無縁仏に対する従来の暗いイメージも、修正を迫られるのではないだろうか。「仏」とは本来、世間のしがらみを離れて修行を完成した人のことをいうのだから、〈絆〉という縁（えにし）に縛られた、いわば「有縁仏」よりも、「無縁仏」のほうが、覚《さと》りの境地に近いというべきである。

次の2節では、「目に見えない津波」をもたらした原発事故を機に、堪えがたい〈絆〉からの解放を求めた女性（Mさん）が、津波の襲来地で共鳴した「帰りたくない人たち」のことを取り上げてみたい。なぜ「共鳴」できたのかを理解するために、3・11以前から

Ｍさんが抱えていた苦悩について知っておこう。

２　帰りたくない人たちとの対話――Ｍさんと不思議な一団との邂逅――

阿武隈川の流れる内陸の小さな町で保育士をしていたＭさんは、両親と暮らす三十代の女性で、幼少時から、酒乱の父親が母親に暴力をふるうのを見て育った。自分が家を出れば、母が危ないので、父を見張り、母の愚痴を聴いているうちに、歳月が過ぎていった。

一家団欒のささやかな幸せにも恵まれず、家族会議で大切なことを決めたこともない家庭環境で、兄弟姉妹のいないＭさんにとっては、仕事で接する子どもたちとのやり取りが、唯一の慰めだった。

三月三日になっても、桃の節句を祝うことすらできない。母方の祖父母が買ってくれた小さなガラスケース入りの雛人形（五段飾り）を、姑（夫の母親）からけなされたという理由だけで、Ｍさんに相談もなく、町内のゴミ置き場に捨てられてしまったからである。小学三年生の時だった。母にその件を詰問しても、まともに答えてもらったことがない。

父がそのことで母をとがめるはずもなく、Mさんの孤独感はつのっていった。こんなことでは罰が当たって幸せになれないのではないか、という不安に駆られたという。

母の話はとめどなく聴かされるが、Mさんの話は、聴いてもらえない。話そうとすると、怒りだすので、何も言えなくなってしまう。何でも話し合えるのが家族だという同僚の言葉に、大きな違和感をおぼえるのだった。「どこの家庭も、そんなに幸せなのだろうか。」

不自然で温かみが感じられない父母のやり取りは、婚約者とその両親が訪問した日も同様で、些細な理由から、いつものケンカが始まってしまった。ごく平凡な家庭の幸せも知らない生い立ちを恥じたMさんは、自分のほうから破談を申し入れた。それ以来、子どもたちの両親が仲睦まじいのを見るにつけ、彼らを傍観する別世界の人間としての思いを強くした。そんな暮らしを続けているうちに、また三月が巡ってきた。

その日、たまたま、自宅にいたMさんは、机の上の目覚まし時計が午後二時四六分を指しているのを、何気なく眺めていたという。パソコンの電源をオンにした直後、いきなり大きな横揺れが始まった。数日前から頻発していた軽微な地震とは明らかに違うものだった。ようやく静かになり、あらゆるものが床に散乱した自室の中をかき分けたMさんは、隣室にいた父親に「(手回し発電で視聴できる携帯の)テレビをつけて」と言った。濁流に流される乗用車や家屋の映像が目に飛び込んできた瞬間、足許がガクガクと震え出し、言葉を失った。

ところが、こたつで坐る父は、妻や娘に「大丈夫か!」とも言わずに、テレビ画面をにやにやしながら鑑賞していたし、母もまた、娘の部屋をおもしろそうに眺めまわすだけで、災害時には結束して事に当たる家族思いの態度が、まったくみられなかったのである。

家は傾き、停電と断水が続くなか、父母は、大型のポリタンクを積んだ自家用車で1・5キロほど離れた臨時の給水所へ出かけたが、Mさんには、フタの壊れかけた小型容器を旅行用のカートで引かせ、歩いて水をもらいに行かせた。その日は原発事故の直後で、雲ひとつない晴れた空の下、しんと静まりかえった町の一本道を、誰ともすれ違うこともなく歩き続けたMさんの悲愴感を、どう表現すればよいのだろうか。カートの振動で洩れ出した水が、容器を包んでいたビニール袋に溜まっていたので、飲み水にもならないまま、浴槽に開けるしかなかった。ドアを開ける鍵の音を聞いて玄関に現れた母からは「ご苦労だったね」の一言も聞かれなかったが、その時のMさんは、もはや、それを悲しむことすらできないほどのショックを受けていたので、平静を装うことができたのだという。この日以降も、記録するに忍びない母親の態度と父親からの暴力に驚き、傷ついたMさんは、半月後のある早朝、置き手紙をしたうえで、漁港から遠からぬリアス式海岸の或る町に住む友人（Fさん）の家へ避難し、その地の住民と共に、被災生活を乗り越えてゆくことにした。Mさんの自宅は避難勧告を免れた地域だったが、放射性物質の拡散よりもむしろ、肉親から受ける精神的なストレスのほうが、身心の健康を害する状況にあったのである。

未曾有の災害が起こると、なかには、一時的に平常心を失い、取り乱したり、暴言を吐いたりする人がいるものだ。だが、Mさんの両親の場合は、震災以前からの人間性に根ざしたものが、さらに歪んだかたちであらわれたとみえ、七年たった今でも、Mさんとの和解はできていないという。

苦難に遭った時、それを機に心を改められるほど単純でも純粋でもないのが、人間の本性なのだろうか。なかには、本当に改心する人もいることを、信じていたいものである。

家族の〈絆〉が欠落している怖さから身を守り、他人どうしが助け合う温かさを体験することで、Mさんの鬱的な心境も、少しずつ回復していった。勤めていた故郷の保育所は辞め、着の身、着のまま、避難先での再出発を期することにした。

Fさんは、筆者の学友にあたる女性で、海を見下ろす山のふもとにある住まいには、しばしば遊びに行っていた。3・11からおよそ三週間ばかりたった頃、そのFさん宅で出会ったのが、Mさんだったのである。筆者も、ライフラインが復旧したばかりの自宅をいったん離れ、福祉活動を続けるFさんに協力しながらの暮らしを始めたところだった。

先述の身の上話は、精神的にかなりまいっていたMさんの健康相談に応じた筆者（K）との対話のなかで聞かれたものだった。彼女の言うには、いまどきの日本人は、老いも若きも、自分が損をしてまで人のためになることは絶対にしないばかりか、一銭もかからないはずの、ささやかな、優しい言葉[19]さえもかけようとはしない。保育所でも、共働きの親からかまってもらえない子どもが、保育士の自分から優しく話しかけられるだけで、うれし泣きをしたり、お昼寝できるようになるのだという。日本人のすべてがそうであるとはいえないが、現代の世相に、自分さえよければ、という浅ましさがみられるのも事実であろう。善行の果報を説く「情《なさけ》は人の為ならず」すら、過去の諺になってしまったのか。

M「たった一言の優しい言葉に飢えた暮らしのなかで、すっかりくたびれているはずなのに、なかなか眠れないのです。どうすればよいのでしょうね」
K「優しい言葉が言える人がいそうでいないことは、わたしもよく感じるわ。だからその代わりに、せめて、自分のほうからは、優しい言葉をかけたいのよね」
M「そうするしかないんだもの」
K「でも、誰かからの優しい言葉さえ聞ければ、どんなにか元気が湧くだろう、安心して眠れもするだろうなって、思うのでしょう？」
M「そのとおりなのよ。一言でも一行でもいいのに、どうして空しいおしゃべりばかりが飛び交っているのかしら」
K「でもね、いくら人に期待したところで、期待はずれになるかもしれないじゃない。だから、くたびれた時には、暖かい布団にくるまって眠るのがいちばんよ」
M「眠れないのに？」
K「それはね、暖かい布団が、優しい言葉の代わりになってくれるということなの」

Ｍ「・・・暖かい布団が、優しい言葉の代わり？」
Ｋ「そう、何も言わないけれど、布団のぬくもりには、言葉以上のメッセージがこめられていると思いませんか？」
Ｍ「・・・確かに、どんな言葉にもまさる、気持ちの良いものですね。朝、起きるのがつらいのは困ったものだけど（笑）」
Ｋ「布団に癒されたいほどの悩みがあるのなら、いつでも、眠ったらいいのよ」
Ｍ「そうね。さっそく今日から、布団を味方にするつもりで、眠ってみますね。医者からは不眠症だといわれたけど、ほんとうにそうかどうかを、確かめてみるわ」

このやり取りがあってから二、三日してからのことだった。海岸に近い市街地に出かけるＦさんに同行して、Ｍさんと筆者も、津波の到達した地域を歩くことになった。
当時はよく、海外のメディアから、商店の品物を略奪しないで辛抱強く列をなして買い物の順番を待つ日本人の美徳が賞讃されていたものだが（155頁参照）、実際には、ＡＴＭや食料品店などを狙った犯罪が多発していた。女性だけの外出はできるだけ控えるように、地元の警防団からも厳重に注意を受けていた。それでも、この日の三人は、何かに守られている不思議な気配を感じていたので、瓦礫の打ち上げられた、異臭の漂う荒涼とした海際の光景に見入っていたあいだも、一向に、怖いとは思わなかったのである。

波の音も聞こえなくなった静寂のなかで、どれだけ時がたったのか。ふと気が付くと、浜辺のほうに、男女が四、五人（見たところでは、男性が三人、女性が二人ほど）と子ども一人（女の子）の姿が見えてきた。われわれのほうに歩いてきたその外見はかなり疲れ切っていたものの、一緒にいるのがうれしいらしく、何人いるのか見分けがつかないほど、お互いにくっつき合っている、どこか奇妙な一団だった。Fさんが「どうしました？大丈夫ですか？」と声をかけると、進み出て来た年長者らしい男性は「大丈夫だ」と言わんばかりに右手を振ると、市街地の状況をFさんに尋ね始めたが、それは、たんなる挨拶代わりのようで、あまり気乗りのしない様子だった。勤め人が着る、ごく普通の服装で、他の数人と同様に、ずぶ濡れでもなければ、負傷しているところもみられなかった。よく通る低音の声も、生命力の弱さや、怪異な雰囲気は微塵も感じられない、温かな響きを宿していたのである。

Fさんが「日が傾きかけているので、もうお帰りになったほうがよいですよ。物騒になっているので、気を付けてくださいね」と話しかけても、男性はそれには応えず、今度は、Mさんだけをじっと見つめて言うには、

男性「ずいぶん、辛い思いをしてきたのですね。でも、これからは大丈夫。苦労した分、幸せになれますよ」

M「（はっとして）どうしてそれがわかるのですか？」

男性「わたしたちだって、帰りたくない人たちなんだから、あなたのことも、わかるんですよ。（自分たちを指し示しながら）とっても仲良くみえるでしょう？でも、親子や親戚なんかじゃない。これからは、心の通じ合う者どうしで、一緒になって往くんです」

M「・・・帰りたくないって、どういうことなんですか？これからどこに往こうとしているの？」

Mさんの問いを聞いた男性は、仲間の顔をうかがってから、自分たちの名前を書いたらしい紙切れをFさんのほうに手渡し、「確認してくださるだけで、けっこうです。誰にも、知らせる必要はありませんから。・・・あなたがたに出会えて、ほんとうによかった。ありがとうございました」と言い終えるや、小学一年生くらいの女の子をみんなで囲むようにして、もと来た道を引き返し始めた。よく見ると、その子は肩から、綿入れの半纏《はんてん》にも似た薄い布団のようなものを暖かそうにはおっている。それを両手でかき合わせるようにしながら振り返ったそのまなざしが、筆者に向けられていたのを、いまでも、はっきり思い出すことができる。まるで、つい二、三日前、Mさんと交わした〈布団〉談義をすぐ側で聴いていたかのように、いたずらっぽい微笑みを浮かべながら、うなずいたのだ。

わたしたち三人は、彼らの後ろ姿が見えなくなるまで見送った。それは昔から、日本人が躾けられてきたはずの礼儀作法であるが、この場合は、いまそうすることが、彼らのためになることなのだ、と思われたのである。幽霊のように、忽然と姿が消えてしまうこともなく、海べりを散歩する親子連れのような現実味を持っていた。夕暮れになって雲間から射し込んできた光りが、その姿をくっきりと浮かび上がらせているのを、確かに見たのだから。

それだけに、この出来事の当初は、「津波による行方不明者のリストに載っていた人のなかには生存者もいて、家族のもとに帰りたくない事情がある者どうしが一緒に生きてゆこうとしているのではないだろうか」という解釈に傾こうとしていた。

使命感の強いFさんは、紙切れに書かれた人たちの名前が当地の住民であり、全員が、遺体の見つかっていない行方不明者であることを確認したが、男性に頼まれたとおり、家族はもちろん、勤務先や学校にも通報しなかった。通報したところで、彼らの生存と現在の行方を確認することなど、できはしなかっただろう。

それでも、Fさんの携わる福祉活動のなかで、彼らそれぞれの家族に関する情報が得られることもあり、そのほとんどが、児童虐待や、夫から妻への暴力、長期にわたる職場での執拗なハラスメントなどの、帰りたくなくなる不幸な状況を示唆していたのである。そのいきさつをFさんに知ってもらうことが、男性とその同志にとっては、せめてもの慰め(供養)だったのかもしれない。

Mさんは、あの男性からの祝福を受けてからというもの、辛かった過去の記憶にとらわれないようになり、生きる意欲を取り戻した。Mさんに霊能者としての素質があったかどうかはわからないが、あの日以来、不思議なものとの遭遇は、今日に至るまでないそうである。ただし、「帰りたくない」という思いに痛いほど共鳴できるがゆえに、彼らとの別れは、かなり辛いものだった。「いつか、どこかで再会したい」とMさんは言う。

Mさんに対する、不思議な男性の優しい言葉と、彼ら全員がかもしだしていた静けさからすれば、この世の者ではなかったのであろうが、生きているあいだでも、人を観る眼を鍛えていれば、Mさんを見ただけでも、その苦悩を直観できるのではないか。

いずれにしても、決して尋常ではない体験をした筆者もまた、人間のほんとうの幸せが、普段、考えているようなものばかりではないことを、深く考えさせられたのである。

たとえ、Mさんの「帰りたくない」という強烈な思いがFさんと筆者を巻き込んで、三人だけの共同幻想を現出させたのだとしても、その価値を減じるものではない。Mさんと不思議な一団との邂逅は、これからも、確かな手応えのあるものとして、記憶を新たにしてゆくであろう。

以上の現象には、東北地方の太平洋沿岸で、しばしば話題になっている幽霊譚とは、どこか一線を画するものがあるようだ。彼らは、自分たちを幽霊扱いされることを好まなかったのか、どこまでも、これからなお生きてゆくかのように振る舞っていた。死んでいるのが信じられないとか、街の復興状況を心配しているといった素振りはなく、まして、家族や職場の誰かに見つかることを何よりも望まない、断固とした意志を持つ人たちだった。そんな彼らのことを「死者」などと呼ぶのは、やはり、ふさわしくないのである。

彼らの身体は恐らく、海の底に沈んで、もはや形を留めてはいないのかもしれないが、帰りたくない同志と一緒の旅を続けようとする態度には、生きている人以上の、たくましい生命力が感じられた。「いったい、われわれはいま、明確な希望を持って生きているのだろうか、彼らのほうが、生きがいのある世界を切り開いていこうとしているのではないか」などという、いま思えば不可解な、常ならぬ想像さえ、させられてしまうのだった。

あの日のことを振り返るたびに、３・11でほんとうに生き残った人のなかにも、帰りたくない事情のために、行方不明になっているケースがあるのではないか、という思いが強くなる。震災時の混乱にまぎれて、それまでの生き方に終止符を打ち、人生を再建しようとする人のやむを得ぬ事情を知れば、無責任な現実逃避として非難することも、できなくなってしまうのであろうか。

例えば、第二次大戦直後における戦災孤児のなかには、すべてを失ったゼロの状況からの人生設計をなしとげ、いまも健在でいる人びとがいる。(20) 血のつながった家族との〈縁〉(えにし)は薄かったが、赤の他人のなかに恩人や友人を見つけることで、自分にふさわしい生活環境を築いた。先述の不思議な「一団」も、堪えがたい〈絆〉からの解放を求めなければ、ありえなかった集まりであった。

この現象世界では、集まってできたものは、いずれ、散ってゆき、いつかまた、別の集まりを作るということを繰り返す、といわれる。形成と爆発のサイクルによって星々の〈誕生と終焉〉を司るこの宇宙に生きるわれわれもまた、いつまでも、同じ〈絆〉に甘んじているわけにはゆかないのではないだろうか。3・11以降、誰もが疑うことをしない〈絆〉の良さも、あの浜辺で彼らと出会ってからは、かならず何らかの〈絆〉にすがりたくなる人間の弱さ、はかなさを示すものとして、より客観的な眼で、みられるようになったのである。彼らもいずれは、その新しく築いた〈絆〉からも離れて独りになり、次の段階に移行できる時機を迎えるのかもしれない。

３　震災を機に、より一層、堪えがたくなる〈絆〉

前節のＭさんのような身の上の人が、自宅を失い、避難所や仮設住宅での生活を余儀なくされた場合、いったい、どんなことが起きるのだろうか。日頃からの家庭内暴力が、震災を機に収まり、うわべだけでも協力し合える関係になれたとしても、仲の良い家族とは比べものにならないストレスを受けることだろう。相変わらずの暴力が続く場合は、不便な暮らしのうえに、周囲の住民からも非難され、疎外される三重苦を負い、そこには居られなくなるかもしれない。人口密集地である首都圏であればなおさらのこと、実に様々な家庭事情を抱えた、出身地の異なる人びとのあいだで、さらに複雑なトラブルが生じるのではないか。ケンカはもちろん、食糧の取り合いや盗みも頻発することは、３・11の前例ですでに明らかである。家族が不和だと、トラブルや犯罪の疑いが掛けられやすくなる。

避難先の体育館や校舎では、段ボールで仕切っただけの、わずか二、三畳のスペースしか与えられない。そこで身を寄せ合って寝起きする以上、身の危険を感じるような家庭環境では、他人のもとに身を寄せるしかない。地元に留まるか、遠隔地に行くか、の思案ができる人は、まだ恵まれている。受け容れてくれる他人がいない人は、どうすればよいのだろうか。開放されている仏教寺院やキリスト教会などに駆け込むか、福祉施設の戸をたたければよいが、それも無理な場合、行き場を失ってしまう。

災害救助法によって、原則二年までしか住まないことが前提になっている仮設住宅[21]は急ごしらえで、コンクリートの土台すら作らないので、夏は暑く、冬は寒い、プレハブである。二、三人で住むための標準的な間取りは、四畳半が二間、押し入れ、台所、バス・トイレの２ＤＫで、阪神・淡路大震災以降は、一坪だけ広くなり、二重サッシなどの防寒対策もされている。とはいえ、隣室の音が筒抜けになる壁の薄さに加え、床や窓枠などの劣化も進み、カビ臭くもなる。家具を置き、棚を吊れば、持ち物が増えて、部屋が狭くなる。ひっそりと暮らす老夫婦でさえ、我慢と苦労の限界にあるというのに、家族の不和に苦しむ人が、いったい、どうやって堪えてゆけるのだろう。一間を確保して引きこもることができたとしても、それは、閉じ込められた空間にすぎない。積極的に他人のなかに入って行かなくては、精神的に追い詰められてしまい、自死にもつながりかねない。この点に関して言えば、独り暮らしの人（高齢者、身寄りのない者など）も、似た状況にあるといえるだろう。人間は所詮、独りで生まれ、独りで死んでいくという体験をするのだが、信頼できる誰かが同居しているかどうかによって、日常生活の質も大きく変わってくる。傍らにいる人間に心を開けないのなら、囲まれている壁の外に救いを求めるしかない。

だが、外に出て行って、逆に追い詰められる場合もある。学校でのイジメに遭っていた子どもは、避難所や仮設住宅が、同じ学区内にあるために、震災によるストレスの溜まったイジメの加害者から、いっそう過酷な暴力をふるわれてしまう。震災という未曾有の出来事に苦労することをとおして、イジメの愚かさを悟るようになった子どもが、はたしているのかどうか、という心の問題は、測り難いのでわからない。徐々にわかってくるのは、避難先での盗みや破壊を命じる、犯罪行為に等しいイジメの一端ばかりである(22)。

日本の学校のほとんどは、「クラス」ごとの結束を子どもに強いるので、「クラス替え」を機に親友と引き離され、孤独になる場合が多い。孤独に弱い現代の子どもは、独りでの時間を持て余して、イジメる級友とさえ、つながろうとする。また、「クラス」に友人がいたとしても、ふとしたことで、その友人がイジメる側にまわってしまうこともあるし、イジメられていた子どもが、今度は、友人をイジメ始めることすらあるのだ。昭和の頃にはありえなかったような、こうした複雑なイジメの構造[23]が、災害時の子ども社会にどんな影響を及ぼすのか。今後のことが案じられる。

「クラス」単位の〈絆〉がもたらす弊害を少しでも減らすには、「クラス」の仕切りをこえて自由に交流できるオープンな場が必要である。できれば、子どもたちだけではなく、老若男女、あらゆる世代の人間が〈家族〉や〈学校〉の〈絆〉を離れて交流できるコミュニティーで、自分自身を始めとするみんなのためになること（慈悲の心に基づく自利利他行）にいそしめる居場所を持てれば、何らかの善い変化が生じるのではないだろうか。誰にとっても、自分がいちばんかわいいのだから、自分の利益にもなる作業であることが、コミュニティーに協力するための必要条件になるだろう。災害が起きる前から、そのような意味で忙しくなれば、イジメに費やする時間が惜しまれてくるはずだ（第4章参照）。退職後も社会貢献したい人びとと高齢者の知恵を若い世代に伝える機会が増えれば、社会の活性化につながり、子どももそれを見習うだろう。

イジメは、人を苦しめ、悲しませるために、人生の貴重な時間を浪費する、まことに不可解な行為である。未熟な成長段階にある子どもにその点を教えるべき大人たちがまず、人に対するイジメ（暴言・暴力・ハラスメント）をやめなくてはならない。

避難所も仮設住宅も、行政上、「世帯」ごとの管理体制を敷いているので、戸籍上の「親子」や「夫婦」のあいだに、愛情と信頼はあって当たり前だという観念が定着している。「クラス」もまた、「先生と生徒」や「生徒どうし」の良好な関係を前提としている。それらの決めつけによって疎外され、堪えがたい〈絆〉からの解放を求める人びとがいる現実を、企業や役所の担当者も、親身になって知ろうとする必要があるのではないか。

例えば、原発事故後の被災地では、東京電力（東電）が発行した原子力損害賠償の請求書類が一律に、世帯主（代表請求者）宛に発送されてしまった。そのために、暴力をふるう夫とは別居中の女性が個人として受け取るべき賠償金が、夫（世帯主）によって着服される、というような問題が多発したのである。そのリスクを事前に察知した人びとが、いち早く、家族構成員の各自宛に個別郵送するよう、東電に頼むケースが殺到していたのも確かで、東電にとって、それは「想定外」だったという。「家族単位で避難する方々を想定したから」という東電からの回答は、「世帯」単位での事務処理によって、コスト削減と作業の簡便化をはかることしか考えず、被災民それぞれの家庭事情というものを想像すらできなかった、無神経な対応を示す事例である。

〈絆〉に恵まれていたはずの人でも、状況しだいでは、その良さが気づまりになる場合もあるだろうが、いずれは回復すべき一時的なものである。それに対して、堪えがたい〈絆〉に苦しむ人の状況が改善するのだとすれば、それは、その〈絆〉を離れた時である。この悲しい現実を他人事として目を背けるのではなく、その人の身になって対応できるよう、災害が起こるずっと以前から、心づもりをしておきたいものだ。

4 「愛別離苦」と「怨憎会苦」の真意

愛憎をめぐる人間の感情は、自分が相手を好きか嫌いかだけで決まるようでいて、相手の自分に対する思いやりの深さや献身、あるいは、辛い仕打ちなどによっても左右される、相対的なものである。

（1）ほんとうは愛し、愛されたい家族なのに、愛してもらえず暴力をふるわれてきた人は、自分に好意的な他人を愛するようになり、あのMさんのように家族を厭い離れるようになる。愛されない苦しみを知っているので、誰かのために役立ちたい、頼りにされたい、という願望が強い。

（2）その一方で、いちばん大切な家族以外の人間には冷淡で不親切な態度を取る人は、避難先の共同生活でも協調性に欠け、利己的な行動が目立つものである。

（3）そうかと思えば、家族も他人も信頼できず、愛せなくなる、何らかの事情を抱えて、人間嫌いになっている人もいる。家族からも地域社会からも孤立して、被災地での救援の手が届かなくならないように、周囲の他人が見守る必要がある。イジメや老齢、病苦などによる孤独な状況下で生じることの多いケースである。

（4）その逆に、家族愛に恵まれている自分の幸せに甘んじることなく、その愛情を、他人を助けるためにひろげようとする人も、見受けられる。その他人は、必ずしも、自分の厚意を喜ぶとは限らず、むしろ、拒んで憎むかもしれないが、自分に対する他人の感情にかかわらず、平等に、救助や救援の手を差し伸べることができる、博愛精神の持ち主である。これはまさに、仏教のいう「怨親平等」[24]にあてはまる態度で、敵（自分を憎んで害する人）か味方（自分を愛してくれる親しい人）かの区別もせず、味方にも執着しないで、愛憎を超えたところから、平等に人と接するのである。

3・11では、最愛の「わが妻」「わが夫」「わが子」との〈絆〉を讃えるニュースがほとんどだったが、なかには、助けを求める見ず知らずの人を救助するために命の危険をかえりみなかった人、行方不明になっている家族を案じながらも、生存者の捜索や、遺体を安置所へ移送する任務に当たっていた人[25]の献身的な活動を報じるものもあった。

さらにいえば、先述の（2）に当てはまる人が、震災の生じた場所から遠いところに住んでいる場合もある。愛憎をめぐる人間関係の煩わしさをよくあらわす実例を挙げてみよう。

いちばん顕著なかたちで被災地の人びとを怒らせたのは、ふだんは疎遠だった遠隔地の知人たちがテレビを見て、電話をかけてきたり、プライヴァシーが丸見えになるハガキを使って、こちらの安否や消息を問い合わせたりする、興味本位としか思えない態度だったのである。(26)

人は、自分の愛する者が被災すれば、ただひたすらに無事を願い、困っていることはないか、あれば、遠慮なく知らせてほしいと、親身に呼びかけるものなのであろう。それなのに、愛情の湧かない、疎ましい相手だと、虚心に安否をたずねるどころか、「被害状況の大きさを知りたいものだ」とひそかに思い、ありのままの真実とは関わりのない妄想さえ抱くようになる。「お宅の被害はどうなんですか」「やっぱりひどいのでしょうね」などという無神経な言葉が、被災者の心を傷つける。期待に反した事実（憎らしい相手の健在や、その家屋の無事な状況など）にはがっかりさせられるが、口先では「心よりお見舞い申し上げます」などと言う。たとえ、相手の病や死の知らせが伝わっても、自分の身には及ばない遠い世界のことのように考え、人の悲しみを想い見る感性のひとかけらもない。

ところが、ひとたび、自分自身や家族に同様のことが起こると、はたから見れば、実に理想的な夫と妻、父親と母親、あるいは、親と子としての力を発揮するのである。

いちばん怖いのは、亡くなった人ではなく、生きている人間ではないか、と思えてくる。

仏教のいう「愛別離苦《あいべつりく》」（自分の愛する人、自分を愛する人との不本意な生き別れ・死に別れの苦しみ）も「怨憎会苦《おんぞうえく》」（自分が怨みに思い、憎んでいる人、自分を怨んで、憎んでいる人に会う苦しみ）も、「生老病死《しょうろうびょうし》」(27)と同様、どうしても避けられない人生の「苦」（思い通りにならないこと）として、当然視・正当化されているようだが、実際には、そうではない。仏陀の覚《さと》りの智慧に照らしてみれば、愛憎は、自分自身の主観に基づく、思いはからいによって生じたものであって、絶えず揺れ動き、片時も安定してはいない、不確かな、つまりは、いつまでも同じ状況ではありえない、実体のないもの（非我・我ではないもの(28)）で、迷いの世界に属しているものなのである。

愛し合っているようでも、その愛ゆえに憎しみが生じることもあるし、憎み合っていても、ほんとうは理解し合えるものを内に秘めているのかもしれないのだ。したがって、仲が良いから〈絆〉に恵まれていて、不和だから、〈絆〉が堪えがたいのだと、常に断言できるとは限らない。

堪えがたい〈絆〉からの解放を求めて行動した人たちの事例（2節）に始まった本章は、震災を機にあらわれた人間性の多様さ、複雑さについての論考として展開することになった。次章では、被災地での世間話のなかで聴いた宗教に関する問いかけと、それらに対する筆者の応答を、論述形式でまとめている。対話形式として逐一、記録しないのは、雑談にともなう脱線が多く、下世話な話題もしばしば挿入されたからである。

第3章　恵まれた〈絆〉からの自由を求める人びと

1　「心より、ご冥福をお祈りいたします」の「冥福」って何ですか？

日本社会では、あらゆるお見舞いの言葉に「心より」を付ける。本心からそう言うだけではなく、たんなる慣用句となっている場合もあるが、震災で命を失った人びとを悼むためには無くてはならない、大切な言葉だといえよう。

震災のあった二〇一一年から歳月が流れてゆくにしたがい、当初の被災地で遺体の供養や葬式の際に口にしていた手向けの言葉について、どんな意味があるのかと知りたくなる心の余裕を持つようになった家族がいる。宗教的なフレーズを慣用しても、その意味を敢えて問わないのが、日本人のルーズでおおらかなところなのだが、時には、知的好奇心からの問いかけが、筆者のような、よそ者とのおしゃべりのなかで流行ることもあるのだ。

「冥福」には、死後の世界（冥界）に暗い人間の限界を「冥」（闇黒。くらやみ）の字であらわすと同時に、この世を去ってからどこへ往くのかについては敢えて定義せずに、どの宗教でも説く安らかなあの世での幸福を、「福」の一字で示す、という簡便さがある。殊に、死の直前まで、恐ろしい自然の力に翻弄され、甚だ苦しい体験をしていた人びとには、暖かく、平安な世界で休んでほしいと願わずにはいられない。彼らの深い沈黙が、安らかな眠りの静寂になるように言葉をかけるとすれば、「冥福を祈る」という簡潔で、無駄のない表現になるのだろう。因みに、葬儀社などでは「どうか安らかにお眠りください」という言い方が、いちばん無難なものとして使われている。

「冥福」に来世、つまりは次の生涯での幸せという仏教的な意味を込めるならば、生まれ変わってからの一生が、終生、苦難のない幸福なものであってほしい、という切実な祈りにもなる。「黄泉の国」としての「冥界」という意味を込めて、神道でも「冥福」を用いることがある。

この世での苦悶が癒されずに、あの世に旅立てないのだとすれば、苦悶の体験を想像するだけでも堪えがい遺族にとっては、恐ろしい事態であるはずだ。津波に流された時、つかんだ肉親の手を離してしまったことに罪悪感を持って「怨まないでほしい」と願う生存者の声は悲痛である。災害時に生き残った者には、どこか、後ろめたい気持ちがある。そこで、遺族の心を癒やすためにも、「心より冥福を祈る」こと、その言葉が文字通りに実現されることが求められる。無事に旅立てば、安心して日々、語りかけられる存在となって息を吹き返すであろう。祈願の言葉には、その内容を必ずかなえる呪力が込められているという。その力に対する信仰が、古代と同様、現代でも、必要とされているのである。

2 「成仏して天国に行ってね」とか「天国でまた会おう」と言うのは変ですか？

変ではない、とも考えられる。なぜなら、現代の日本人にとって、これらは、特定の宗教に基づいた表現ではないように思われるからである。遺体安置所で、遺体に声をかける人の言葉に聞かれた「成仏」と「天国」の併用は、決して、仏教（「成仏」）とキリスト教（「天国」）の混淆宗教を意味しているのではない。先祖代々の墓があり、仏教寺院による葬儀と火葬をおこなう地域であれば、「天国」がキリスト教のそれを指すわけではないことは明らかである。では、「浄土」や「極楽」とは言わずに「天国」と言う遺族が多いのは、なぜなのか。この点について訊いたところでは、「天国」と言ったほうが、キレイで居心地のよい場所を連想できるからだという。亡くなった幼い娘が愛用していた携帯電話を霊前に供えた女性は、「天国」から電話してほしいと祈っていた。僧侶もそれを優しく見守っており、浄土の仏様のもとに生まれるという経典の教義を押しつけるようなことはしない。「天国でまた会おう」と言うのは、『阿弥陀経』の説く「倶会一処《くえいっしょ》」(29)とかなり接近した願望なのだが、それを言っている本人は、ただひたすらに、「先に旅立ってしまった子どものもとに、自分もいつかは往きたい」と望んでいるだけのことなのである。そのような祈りが、遺された者にとっての幸いになるのなら、共に祈るのが、宗教者としての役割なのではないか。その人がほんとうに何を望んでいるのかを知り、その実現に向けて協力を惜しまない誰かの存在が、家族の死を悲しむ人には必要である。

僧侶の立場から、どうしても「天国」に違和感をおぼえるのならば、「天上」あるいは「天」と言い換えるように指導してはいかがだろうか。それならば、六道輪廻の「天界」（人間界よりは上等な世界）を連想させるからだ。「天界」は「家族に電話したい」という欲求をかなえてもかまわない、欲界に属しているのである。

各宗派の聖職者が、それぞれの明確なヴィジョンを持って、信者の教育に専念するキリスト教の教会の徹底した態度も立派だが、仏教の本義を離れ、臨機応変、融通無碍の対応を優先することができる日本の仏教者にも、それなりの良さがあるといえるのではないか。死の悲しみを癒やすグリーフ・ケアとしての効果が高いと考えられるからである。

なお、「成仏」という語の使い方には、甚だ曖昧で、いい加減なところがある。例えば、時代劇の刺客や悪漢などが「成仏しろよ」などというのは、殺《あや》めた相手に怨まれるのを恐れているわけだが、「成仏する」を「死ぬ」に等しい意味で用いた俗な用法は、かなり一般化しているのではないだろうか。

そもそも、悟り（覚り、目覚めた心の状態）というのは、生きているあいだに体験できる心の境地であって、死ねば誰もが悟れる（仏陀に成れる、成仏できる）わけではない。ところが、「各自が自ら無上のさとりを開いて、仏（覚者・目覚めた者）となること」を意味する「成仏」が、いつのまにか、仏式の葬儀に際して「仏様のもとに往くこと」(30)を指すようになってしまった。だが、「仏様のもと」でどうしているのか、何のためにそこへ往くのか、についての関心は希薄で、僧侶に教えを乞う日本人は、まれなのである。

「阿弥陀さんの浄土では、みんなが修行してさとりを開くんですよ。それを仏に成るとか、成仏する、などというのです」と説明したところ、ある高齢の女性は、「そんなことでは、お浄土が仏さんでいっぱいになって窮屈になりはしないかい？」と言った。「だからね、そうなる前に、その仏さんたちをこの世に派遣して、みんなのためにはたらいてもらうのよ[31]」と応えれば、「それは有り難いねぇ。でも、わたしは、お浄土なんかでこれ以上の苦労はしたくないよ。この世からはもう、おさらばしたい。お金なんかが無くても安心していられる、もっといい場所で、のんびりしたいな」との本音がもれた。

既存の宗教が説き示す死後の世界が、この世で満ち足りなかった幸福をかなえるのにふさわしい場所として受け容れられるとは限らないのである。この老婦人のいう「この世からおさらばしたい」という願いは、裏返せば、この世に遺す家族との〈絆〉を断ち切って、楽になりたいという希望をもあらわしている。家族も、現にそれを望んでいることを言いたいのではないか。それは決して、冷淡なのではなく、温かい家庭でも、生死を境に、けじめをつけて、お互いから自由になることが必要だからなのだろう。だからといって忘れ去るのではないが、いつまでも未練を残さず、各自の道を歩き始めるのが最善だと考えるのだ。「成仏して天国に行ってね」という言葉はやわらかいが、「いつまでもこの世にさまよっていないで、早くあちらの世界に往って、安らいでください」という呪文にもなっているようだ。仏教語に疎いはずの日本人の多くがこの「成仏」という言葉を多用するのは、「死」を体験してもはや帰らない人びとの隔絶感を率直に表現していると同時に、不可解な「死」の気枯れ（生気・生命の喪失）もしくは穢れ（腐敗して形を失った状態）を忌避したいという古来の物忌みを含意しているのではないか、と考えられる。

「生と死」という対立語があるからといって、「生」の〈絆〉からの解放が「死」なのではなく、「死」の向こうに、さらなる「生」の段階があることが期待されている。だが、仏教では、「死」よりも「生」、あるいは、「生」よりも「死」に価値を置くこともなく、「生と死」のどちらにもとらわれずに生きる態度を教える。次章では、そのような生き方のエッセンスを示した『般若心経』を取り上げる。

3　『般若心経』の読経がなぜ、供養になるのですか？

この問いを発した女子高生のNさんは、震災で亡くした友人Uさん（女性）の葬儀に参列した時、読経の声が、あたかも、友人のことをこの世から追い出そうとしているかのような、威圧感をおぼえた。つい、先日まで、一緒に行動していた身近な存在が、お経を読んでもらっただけで、喜んで旅立てるのだろうか。この友人は生前、火葬は焼かれるのが怖いから、土葬のほうがましだとも、言っていた。読経でその恐怖感が消えるとでもいうのだろうか。かわいそうで、お骨になったのを見るのが忍びがたく、その場を辞してしまったのを、いまは後悔している。その後、葬儀で聴いた『般若心経』が、仏教諸派に共通する重要な経文だと知り、その効能について関心を持ったという。

『般若心経』(唐の三蔵法師玄奘訳『般若波羅蜜多心経』)を読誦・朗誦することの功徳は古来、語られて久しく、その内容を充分に会得しなくても、音声そのものが、災厄を除く呪文としてはたらく、と信じられてきた。玄奘三蔵がインドへの旅の途上で沙漠を渡っていて遭遇した盗賊の一団も、『般若心経』(姚秦の天竺三蔵鳩摩羅什訳『摩訶般若波羅蜜大明呪経』)の読経によって退散したという[32]。

ならば、葬儀においては、どんなはたらきをするというのだろう。確かにNさんのいう通り、亡くなったばかりの人にこの世からの退去を勧告し、あの世へ去らせるために唱えられているのも、事実であろう。仏教による葬儀の場合、導師の僧が棺の前で法語を与え、転迷開悟（この世への未練を解消して、迷いのない悟りの世界に入ること）を説くのを「引導を渡す」というが、これは「もう生きてはいないという状況を受け容れ、安らかに旅立ってください」という、最終的な死の宣告にほかならない（浄土真宗では、あの世への退去は宣告せず「お浄土に帰る」という）。『般若心経』のなかにも、逝く人を送り出そうとする思想がみられるのだろうか。

「生死」という人間の生滅について関心を持ったNさんは、『般若心経』のなかでも、「不《ふ》生《しょう》不《ふ》滅《めつ》」という語が気になったという。火葬になれば、誰もが骨と灰になってしまうのに、「生ぜず、滅せず」とは、どういうことなのか。

「不生不滅」の解釈は、宗教者あるいは研究者の数だけあるといってもよい。だが、仏教を基礎づける縁起説にしたがえば、案外、シンプルにまとめられるものである。例えば、次のような解説がある。

ものは精神的のものでも物質的のものでも、すべて生滅変化するものであり、その生ずるには、何もない所に突如として生じたり、滅するには、存在するものがまったくの虚無となったりすることはなく、すべては、因（直接原因）と多くの縁（間接原因、条件）との関係によって変化し、生といっても、他のものが形を変えて姿を現わすものであり、滅も、そのものの姿がなくなって他のものへと形を変えるにすぎないのである。(33)

何ひとつとして、無から生まれ、無に帰する、空しいものはなく、無始無終の有り方をしている。生まれるのも、生きてゆくのも、死んでいくのも、それ以前の状態から、それ以後の状態へと移り変わるプロセスなのである。どの段階も、一生涯に一度限りの（二度と同じようにはならない）、貴重な経験なのだから、死よりも誕生が、早死によりも長寿が、特別にめでたいわけではない。誰もが、天寿を全うするのである。

老いて病み、死んでゆくこと、あるいは、老いてもいないのに、不慮の死に遭うのは悲しいことだが、その悲しみも、いずれは解消し、新しい段階に入ってゆく。精神的なものも、生滅変化するからである。荼毘に付され、骨と灰になっても、虚無に没するのではなく、形を変えて姿を現わす時がくる。感情を持つ人間にとって、生滅変化は不安なものだが、変われるという可能性にこそ救いがあることに気づけば、死の恐怖も和らぎ、この世での苦労にも、果敢に取り組むことができる。

生滅変化しながら存続してゆく有り方が説かれるのは、

（1）人間は死んだらそれで終わりの虚無的な存在（滅）でも、死んだら永遠に変われない存在（常）でもなく、無限に成長してゆける可能性を持っていることを教えるだけではなく、むしろ、

（2）いま、まさに生きているあいだも、一瞬ごとに、生じては滅する変化（刹那滅《せつなめつ》）を繰り返しながら、一生の時間がどんどん経過していることを知らせるためなのである。

例えば、宮澤賢治は、それを次のように表現する。

わたくしといふ現象は
假定された有機交流電燈の
ひとつの青い照明です
（あらゆる透明な幽霊の複合體）
風景やみんなといつしょに
せはしくせはしく明滅しながら
いかにもたしかにともりつづける
因果交流電燈の
ひとつの青い照明です
（ひかりはたもち、その電燈は失はれ）[34]

「因果」（より正しくは「因縁」）による「刹那滅」の世界を、「因果」で「明滅」（点滅）する「交流電燈」とみなしている。有機体である「わたくし」のことを「有機交流電燈」とはいうが、「風景」や「みんな」と何ら異なるところのない、「せはしく明滅しながら、いかにもたしかにともりつづける」「ひとつの青い照明」である。いずれは、その「明滅」もふと途絶えてしまい、「電燈」（わたくし）の寿命は尽きるけれども、「明滅」しながら「照明」していたその「ひかり」（いのちのエネルギー）は、別の「電燈」（何らかの、別の存在）のなかで、たもたれる。暗闇（滅）のままではなく、また光りだす（生き始める）のである。だからこそ、「わたくしといふ現象」の「青い照明」は、詩になるほど、美しい。

そのただなかで、いままでの幸せにこだわり、不幸せにもとらわれながら、行なったこと、行なうべきだったことを、いたずらに悔やんだりしてみても、心の中に、よどみ（こだわり、とらわれ、わだかまり、しこり、しがらみ、などの、かたまり）[35]を作り溜めるだけである。それが、ほかでもない、自分自身にしか観えない、自作の幻影（実体のないもの。空）であることを気づかせるのが、「是諸法空相　不生不滅・・・」であり、先行する「色即是空　空即是色」の一節は、「せはしく明滅」するわが身（空《くう》）の「たしか」な「ひかり」（色《しき》）を大切にせよ、と教えているのだ。ゆえに、「空」というのは、変わりながらも「たしかに」そこに存在しているものを指した言葉であり、「そこに存在しないこと」という意味ではない。この点に注意しないと、大きな誤解をまねくことになる。

本節では、『般若心経』の文脈すべてに触れることはできないが、少なくとも「不生不滅」の教えには、崩壊をきたす死後のわが身を想像して、火葬を怖れていたUさんの不安を解消し、骨や灰になった死の状態に命の終わりを見たNさんの恐怖感を少しずつでも取り除く力があるのではないか。

また、NさんがUさんとの友人関係をこれからも大切にしていくためには、Uさんの死を機に、それまでの〈絆〉を、断ち切るのではないが、いささか、ゆるくして、悲しみにつぶされそうな現状を、少しだけでも、いったん、離れてみる必要がある。「そうしたほうがUさんも安心できるはずだと信じ、前向きな気持ちになってほしい」という筆者のメッセージに、Nさんも納得してくれたようだった。

『般若心経』は、いわば、その応援メッセージとしての空思想（よどみなく生きてゆくための智慧）を凝縮したものなのだが、Nさんがいうように、僧侶の読経が、Uさんをこの世から追い出すかのような威圧感を感じさせてしまったのは、残念なことである。ならば、もう少し、思想内容にふさわしい、溌剌とした、人を不安にさせない誦み方を工夫すべきではないのか。[36] 葬儀に、暗いイメージばかりを付与する「こだわり」を離れ、遺された人びとと、旅立っていく人の双方に益するような供養の場を創造したいものだ。

そもそも、読経とは、仏陀の説法、即ち、集まってくれた人びとへの語りかけを収録した経典の言葉を、仏陀に成り代わって、僧侶が朗誦する行為なのだから、智慧の光りを放つ明朗さ[37]があってもよいのである。

4　「見守っていてください」と言うのは、故人の加護を期待しているのでしょうか？

期待しないでいるよりは、期待したほうが得になるかもしれないと思っているのではないだろうか。ダメもとで、取りあえずは言ってみる、頼んでみる、という態度が、現代の日本人には広くみられるからである。ただし、草葉の蔭から見守る先祖をこの世に迎えては、あの世に送り出す、お盆の慣習が残っている地域では、先祖を始めとする故人の見守りが「加護」でもあることを疑う人はいない。先祖と子孫は、盆踊りでは輪になって、共に踊る仲でもあるのだ。[38] これに対し、お盆で帰る故郷を持たない都会人にとっての故人は、葬儀を境に忘れ去っても差し支えない、過去の存在でしかない場合が少なくない。それだけに、ほんとうに見守ってほしいと願っている人がどれだけいるのかは、疑わしいものである。

震災時に限らず、友人や同僚などが弔辞のなかで「見守っていてください」と遺影の写真に語りかけるのをよく見かける。そのつもりで眺めると、写真もうなずいているように見えてくる。〈撮影された・描かれた人間〉のまっすぐな視線は、「見られている」という感覚を、見る人に持たせることができる。写真も絵画も、一八〇度に広がる平面なので、真正面を正視するその「目」も、一八〇度の視野で、周囲をとらえる。だから、その場のどこにいても、その視線が追ってくるように感じられるのだ。(39) 彫像などの立体が人体と同じく、ある方角にしか視線を向けられないのとは対照的な利点を持つ。したがって、遺影の写真も、神や仏の画像にも似た、その場にいるどの人をも見守るはたらきを持っているのである。

見守ってもらいたいと頼めるほど、親密な関係だったとは限らないのに、死を境にすると、たちまち、学校や職場、家庭などの構成員から「見守り」の役目を担わされるのは、不思議なことである。葬儀社で教わる弔辞の例文でも「安らかにお眠りください」と同様の頻度で「見守っていてください」がみられる。どちらかといえば、故人が年上か上司の場合が多いのかもしれない。年下や部下が、その庇護や指導の機会を失った心細さをあらわすことができるからである。だが、その一方で、同じクラスの友人に対しても、「見守り」を求める態度がみられるのは、どういう心理によるのだろうか。ある時、筆者が参列した高校生の葬儀で耳にした同級生のささやきは、この点についての貴重な事例ではないかと思われる。

故人となったＷくんは、震災の当日、オートバイに乗り、かなりのスピードで飛ばしていた。突然、横合いから走り出てきた少年をよけるためにハンドルを切ったので、ガードレールに激突してしまったのだ。助かった少年が、気を失っていた自分をさすってくれていたのに感謝したＷくんは、出血と痛みに耐えながらも、少年をその自宅に送り届けたのだが、その直後にあの大地震が起こった。揺れが収まってから、自宅に戻ろうとしているうちに、路地を、どす黒い大水が押し寄せてくるのが見えた。激痛に苦しむWくんはもう、バイクで走行する体力を失っていた。運よくビルの屋上に救助されたが、今日の出来事を語り遺すのが精一杯だったという。なぜ、スピードを出していたのかについて両親は、病気がちな息子がクラスで除け者にされていたことと、入退院を繰り返すなかで、ヤケになっていたことの二点を挙げた。

子どもをよけて自分の身を犠牲にしたうえ、その子を家に送り届けたという理由からであろう、以前は影の薄かったWくんの遺影を見上げながら、「いいヤツだったんだな」とささやく同級生たちの声が葬儀の場で聴かれた。弔辞を読んだ学級委員の男子もそのことに触れたあとで、「天国から見守っていてください。オレたちには、Wくんほどの勇気もなく、辛抱強くもないけど、これから何とかやっていくから、応援してくれ。もう、バイクには乗るなよ！」と結んだ。

これを聴いてすすり泣く参列者のあいだに、「さぁ、○○大明神にお詣りしようぜ」とつぶやきながら焼香の列に加わった者が、二人ほどいたのだ。「○○」とは、Wくんの苗字である。彼らは、Wくんに苦痛を与えていたイジメ行為の当事者だったのだろう。そうでなければ、このように不謹慎で挑戦的な発言はしないはずだからだ。物言わぬWくんの霊前で、Wくんを神に祀り上げるようなことを言ったのは、Wくんの祟りを内心、恐れていたからなのだろう。ならば、Wくんの生前に、きちんと接するべきだったのに、そうはしないで、この場に及んでもなお、からかい半分でいるとは、ひどい連中ではないか。

仮に、このあと、Wくんの祟りかと思える怪異な出来事が起こりでもすれば、彼らのいうとおり、Wくんの神社ができても不思議ではない精神文化が、日本にはあるのだ。不慮の事故に遭った人、迫害を受け、怨みをのんで死んだ人などの悲しみや怒りを鎮め、慰撫することで、今度は、世間の人びとを守護してもらおうという、御霊《ごりょう》信仰である。例の「○○大明神」も、天神として崇められる菅公（菅原道真）あたりを連想して言ったのではないか。だとすれば、あの「二人」の態度もなおさら、陰湿に映る。はたして、Wくんが彼らの頼みに応じて快く、「見守り」役になってくれるのかどうか。

「人は死後、神になる」と考え、「人が死ぬと、神として祀る」という信仰は、古来、日本社会にみられる、特異なものである。「死んで先祖の列に加わる」のは自然のなりゆきだが、それだけではなく、非業の死を遂げた人を先頭に、死を体験した人びとが神としての霊力を獲得し、生きている人びとを見守る存在に格上げされるのである。恐らくは、その影響も受けながら、「人が死ねば誰もが仏になる」という、仏教の本義を離れた観念が出来上がっていったのであろう。

学校や職場などの社会では、かならずしも良好な〈絆〉を結んでいたわけではなかった人どうしが、或る人の死を切っ掛けとして、その人の「見守り」を願う一団となる。その一団は、葬儀が終われば解散し、参列者のあいだにみられたかに思われた〈絆〉もまた、ゆるんで、ほどけてしまう性質のものだが、「或る人の死」の内容しだいでは、解散後もなお、参列した人びとの心に、忘れがたいものを残す。参列者間の〈絆〉からは自由になっても、「或る人」を思い出すたびにその「見守り」を受けているような気がする。つまりは、「或る人」に対する参列者それぞれの思いが、一種の〈絆〉となって存続してゆくわけである。肉親どうしの、血縁に束縛された〈絆〉とは違い、他人どうしの〈絆〉というのは本来、断ち切るのも容易《たやす》いが、再びつながるのも自在な関係といえるのかもしれない。

5　自由になればこそ〈絆〉も深まるという逆説

本章に登場した人びとはおおかた、死によって、人との〈絆〉が断ち切られるのを恐れながらも、葬儀などを境に、いったん、その故人との距離を空けることで、新たな〈絆〉を結び直そうとしていることがわかる。そうすることで、好ましい〈絆〉だからこそ気づきづらい、しがらみの要素に愛着しない、自由な生き方ができるようになるのである。

これは、生きている人どうしの〈絆〉にもいえることで、親密さ、結束の固さ、信頼の深さにも、とらわれ、こだわり、しがらみ、あるいは、ほだし、などの煩わしさがある。故人との関係とは違い、同じ世界に生きているからこそ、ぶつかり合い、傷つけ合うのだが、それをできるだけ避けるために距離を置く大切さに気付くようになる。

「絆」の二面性（第1章）は、生きている人にも、死んでいる人にも、「解放」（第2章）、あるいは、「自由」（第3章）を求めるようにはたらきかける。〈絆〉への「とらわれ」を離れるのに有効な仏教の智慧は、堪えがたい〈絆〉から解放されるだけではなく、恵まれているがゆえに離れがたい〈絆〉からも自由になることで、かえって〈絆〉も深まるという逆説を説いているのである。

人との〈絆〉や〈縁〉と呼ばれるものを「断ち切る」のは、かなりの痛みをともない、お互いに心の傷を負うことになるだろう。「捨て去る」のも、捨てたからには、また拾うわけにもゆかないまま、未練を残すだろう。だが、「離れる」という心の動きには、一歩、退いて、遠くから見直す、見守る、見渡す、という余裕のある態度がみられるし、いったん離れてから、また接近してみる機会を得た際の、心の成長をも、うかがわせるのである。(40)ゆえに、「自由」とは、自在に離れたり、近づいたりできることを意味するのではないか。それに対して、「解放」には、断ち切りたい、捨て去りたい思いが強く込められているので、もう二度と、以前の〈絆〉には関わりたくもない、もっとましな、新しい〈絆〉が欲しいという願望ばかりが、心を支配するであろう。「解放」と「自由」に優劣はつけられないが、「こだわり」や「とらわれ」の解消を説く仏教が、一切の〈絆〉から「自由」な立場を説くことを、いま一度、確認しておきたい。

第4章　やがて生ずべき災害に備えた、新しい〈絆〉の創案

1　プライヴェート空間を守るバリア用品の開発を急ぐ

地震国である日本ではすでに、避難所での窮屈な居住空間についての情報と知識は、もう十分すぎるほど蓄えられているはずなのに、なぜ、災害時の避難先にいち早く設置できるシェルター（プライヴェート空間を守るバリア用品）の発案・製造・普及をおこなわないのだろうか。戸外での避難者が、登山者のテントを支給された例は知られているが、屋内の避難所での工夫が一向にみられない。

大地震や津波のために、体育館などでの避難生活を強いられた場合、世帯ごとの場所取

りが始まるのだが、それぞれのプライヴェート空間を仕切るのに使われるのが、間に合わせでもあるかのような、乏しい量の段ボールであることに、疑問を持たざるを得ない。事実上、丸見えの状況下で寝起きする日々のストレスは、溜まるいっぽうだ。

乳児のいる母親が安心して授乳できるスペースもなく、他人（男性）の視線にさらされるばかりではなく、就寝中には布団に忍び込まれることさえあるという。[41] 女性の安全が脅かされた場合、「苦労している被災者どうし、些細なことは我慢しろ」などと言うべきではない。災害時にはセクハラ行為にも目をつぶる、というモラルの低下を許してはならないのである。昼夜を問わず、また、野外か屋内かにかかわらず、女性と子ども、お年寄り、病人、障害者などの身を守るためにも、防犯パトロール隊の見廻りを強化してほしい。

あらゆるトラブルを未然に防ぐため、災害以前からの「被災者教育」が必要である。それには、過去における被災生活での教訓を一つでも多く掘り起こし、いまから活かしていかなくてはならない。どんなトラブルが起こり得るのかをゼロから想定しなくても、かつての出来事が充分に、教えてくれているのだから。

高齢者、病人、虚弱な人、家族どうしが不和な人はもちろん、ただでさえ疲れ切っている避難民のストレスを少しでも軽減するためには、横幅は少々狭くても、脚を伸ばして横になって眠れる、着脱可能な屋根覆いをかぶせた、個別のスペースが必要だ。屋根覆いは、起きているあいだは、取りはずして、体育館などの天井にある電灯の光りが入るようにする。そうすれば、天井が遙かに高くなって、個室の閉塞感を解消できる。明るくないと不安で眠れないという人は、消灯時間がきて暗くなった避難所の暗闇に早く慣れるか、明け方の光りがさす時刻から寝入るなどの対処をするか、寝不足を昼寝で補うべきなのか、を検討してほしい。

この「個室シェルター」を何列にも並べて設置する際には、出入口となる〔ドア付きの〕開口部を、他の「個室シェルター」群の〔ドア付きの〕開口部と、向かい合わせにしてはならない。他人からのぞかれないようにするためだ。インダス文明の遺跡、モヘンジョ・ダロの住宅街[42]にもみられた人類の知恵であるが、仮設住宅では、すでに実行されている。より不便な環境の避難所ではなおさらの配慮が必要ではないか。

いま、述べたような「個室シェルター」は、風に吹かれない屋内に設置するので、なるべく軽くて丈夫な、防音素材を活用した、割れて破片を飛び散らせない素材で作られるべきである。それはちょうど、百円ショップでも売っているような組み立て式の四角い整理箱（段ボール製）や、子どもが遊ぶブロックにも似て、固定するための凹部を凸部に（あるいは凸部を凹部に）はめ込めばよいだけの、釘も金具も使わない、シンプルな構造をしていることが望ましい。なぜなら、余震が頻発する場合、頑丈に作り過ぎると、柔軟に振動しないので、崩壊した時の重圧が大きくなり、ケガをしやすいからである。折り紙(43)の箱のような、軽くて簡易な組み立て式であれば、何度でも容易に建て直すことができる。ふつうの家屋のように堅固であるより、倒れても痛くないほうが重要なのだ。

それでは、「個室シェルター」の建て方を説明し、機能上の特徴と問題点についても述べてみよう（図解の「個室シェルターの三ツ折り構造（組立式）」〔135頁〕参照）。

（1）まず、大人の背丈よりやや高いくらい（およそ2メートルくらい）の、人間一人が横になれる、細長い（長方形をした）コノ字型の囲い（入居者の左右両側と背後が壁となる）を、天井と出入口が開くような角度で立てる。床になったスペース（標準的なシングル・ベッドの広さが目安）には、床の堅さをやわらげるマットレスなどをはめ込み、その上に、寝具を敷く。外部の支援者に必需品のリクエストができる場合は、布団や毛布のほか、普段から常備しておきたかった、保温性の高い寝袋も、頼んでみよう。

（2）天井には、就寝時などに、はめ込んでかぶせる着脱式の屋根覆い（軽量の防音素材。個室内からの施錠も可能）を使用する。夜はかぶせて、朝は外すことで、生活のリズムを整え、換気することができる。避難所の出入り口や窓を定期的に開け放つべきだが、夏季ならば、電源のある場所から、扇風機やサーキュレーターの風を送るのもよいだろう。出入口には、錠前も使える、はめ込み式のドア（壁の素材よりも丈夫なもの）を付ける。ドアは、内開きだと、出入りに支障をきたすので、外開きにする。

ドアの代わりに、カプセル・ホテルにみられるような厚手のカーテンを吊ってもよいが、ドアよりも不用心な点には注意すべきだろう。カプセル・ホテルの仕様に詳しい利用者たちから、他にも参考になる点があるかどうかを聴き取ってみるのもよいだろう。

屋外でシェルターを作って暮らしているホームレスの人びとからも、生活の知恵を教わることができる。節約や倹約にかけては筋金入りの彼らは、その場を居心地よくするために、様々な工夫を凝らしているからである。僧院や修道院も、修行生活のなかで洗練させてきた簡素な日常を寝起きする場所[44]に凝縮させているので、見習う点があるだろう。

（3）こうして出来た「個室シェルター」と「個室シェルター」の間は、防音素材の壁を挿入するための間隔（およそ15センチくらいまでの厚み）をおいてから、お互いにしっかりと固定し、倒れづらくする。「防音素材の壁」の防音効果には限界があるが、「個室」どうしの緩衝剤にはなるだろう。固定面はやはり、凹凸のはめ込み式がよい。

他人のいる「個室」とのあいだにもう少し間隔を置くだけの余裕がある場合は、通常、家族の個室（複数）を一単位として建てたその左右両脇に、収納スペースとしてのシェルター（「個室」の約3分の1くらいの幅。荷物を入れた段ボール箱などをその中に積み上げれば、厚い壁の代わりとなり、安定する）を一室ずつ設置する。この「収納シェルター」

（135頁の図解参照）を用いる場合、前述した「防音素材の壁」は、省略できるであろう。

（4）できれば、「個室シェルター」どうしの固定作業を始めるまえに、利用者となる住民の家族構成（家庭環境）や近所隣りの仲などを考慮しながら、「個室シェルター」と「収納シェルター」の並べ方を決めるのが理想的である。

子どもの声をうるさいと感じるかどうか、ペットの動物は苦手か、アレルギーになるかどうかも聞き取りをして、子どもや動物のいる世帯と、そうではない世帯とを、お互いに離れた場所に住まわせたほうが、後々のストレスを軽減できるかもしれない。

間仕切りでプライヴァシーが守られるよりも、そばにいてくれる誰かの姿が見えていないと不安になる人のためには、家族など、親身になってくれる人と同じ部屋に居られるように、二、三人分のスペースを持つ「家族用シェルター」を最初から設置しておくとよい。「個室シェルター」の壁を取り外して隣室とひとつにする工事の手間が省けるからである。

高齢者、要介護者、障害者、子ども、妊婦、授乳中の母親など（要配慮者）の居住空間には、特別の配慮が必要である。日本語能力の定かではない外国人がいる場合は、重要事項の文章を音読して理解度を試すか、英訳を見せる。困っていることがあれば、英文（書き癖の出る小文字ではなく大文字）でまとめてもらい、英語のわかる人を中心に、その対応を検討する。日々の暮らし方は、周囲の日本人から学んでもらえばよい。

誰もが寝静まった時刻の防犯対策として、女性や子どもの身を守るためには、配偶者や両親などの眼が行き届く、一緒の空間に寝起きしたほうがよい場合もあるだろう。深夜、「個室」に忍び込んだり、押し入ったりする暴力行為を未然に防ぐためには、「個室シェルター」の隣人どうしが声を掛け合って、警戒を怠らないようにするしかない。プライヴァシーを守るには有効な「個室」仕様だが、一人では助けを呼べない状況（犯罪の現場、急病・発作の時など）もありうることを考え、不安を感じる人は、防犯ブザーを携行したほうがよい。外部から来ているボランティア（特に男性）のなかに、不審な言動がみられるかどうかも、注意しておく。

（5）並んで列をなす「個室シェルター」の群れは、体育館のような広い場所であれば、端から端までたくさん、つなげることができる。くっつき合わせて固定するということは、館内のスペースを無駄なく活用できるということである。そうして確保された「個室シェルター」の入居者数は、段ボールをわずかに立てた囲いを思い思いに並べて暮らす人びとの数よりも、多くなるはずだ。整然とした配置のほうが、雑然とした並べ方よりも、余計なすき間を作らないからである。

すでに述べたように、「列」と「列」は、出入口を向かい合わせに設置しないことにより、プライヴァシーに配慮し、暮らしの端々を他人からのぞかれるストレスを回避できるようにする。

（６）避難所での滞在日数が長引くうちに、通院していた時の処方薬が底を突き、発病したり、持病が悪化する恐れがある。外部からの医療チームが到着するまで、その防止に努めるためには、できる限りの快適な暮らしを工夫しなければならない。

「個室シェルター」の長所と短所については、利用者からの意見を柔軟に取り入れ、改善をおこなう。誰かの見ている前では声を上げづらいのであれば、委員の訪問時、個別に言うか、目安箱にアンケート用紙を入れるか、各自が委員のところに赴くかして、より多くのデータを収集できるようにする。

　焦りやいらだち、過労などで、誰もがストレスを抱え込むなか、飲酒や喫煙は、家庭内暴力や幼児虐待にもつながる問題行動の原因になりやすいので、せめて、仮設住宅に移るまでのあいだは、控えてもらうほうがよい。

（7）隣室の声や音を完全に遮断することはできないだろうから、ノイズ対策も必要だ。耳栓を耳に押し込むのは、窮屈で苦しく、長続きしない。各自にとっての好ましい音楽や自然音[45]（ネイチャーサウンド）のＣＤを、音の洩れないイヤホンで聴くなど、その場のストレスを離れられるようなリラクゼーション（ホッとする時間）が必要だ。

　以上のような構造と機能を持った「個室シェルター」は組み立て式なので、折りたたんだのを積み上げて、収納することができる。災害が起こる前に、学校、自治体、役所などの倉庫に常備しておけば、安心だ。どんな材質が最善なのか、については、国内外の住宅建設に携わる人びとや、コンペなどで機能的な家を設計し、戦時のシェルターなどを考案してきた建築家などに、知恵をしぼってほしい。「個室シェルター」の製造コストは、一般市民の募金に頼るのもよいが、大企業の利潤や広告収入によって賄ったほうが、より早く納品・調達できるだろう。急がないと、災害が生じてからでは間に合わない。

「個室シェルター」のイメージとアイディアは、三つに折れる、折りたたみ式マットレスを使ったテント遊びに夢中だった小学生の頃に、そのルーツを持つ。子どもは、猫などと同様、狭いところに入るのを好むものだが、筆者もそうだった。三ツ折りの、コノ字型になるマットレスを立てると、周りの三方（左右両側と背後）を「壁」で囲まれた空間ができる。天井に薄手の座布団か毛布、厚手のショールなどをかぶせれば、狭いながらも、自分だけの部屋になるのだ。雪国のかまくらのように、コンロを持ち込んで料理することはできないが、寝起きして、本を読むだけでも、机に向かう時の何十倍も、楽しい時間を過ごすことができた。スポンジの入ったマットレスでも、組み立てれば「壁」をなし、安心できる居住空間を形づくる。それが楽しくてたまらなかった。だから、仮にマットレスを使って「個室シェルター」を作っても、周囲からの視線を避けるという目的は果たすことができる。段ボールで囲うよりも、ずっとましである。スポンジに防音性はないが、子どもでも建てられるシェルターとしては、注目すべき美点が認められる。どんな状況下でも、どこかに、楽しくなるような遊びの要素を作ることが、災害時の苦難を乗り越えるには必要なのではないだろうか。

その意味で、工作が好きな子どもと、日曜大工の上手な大人が協力し合って、避難所の「個室シェルター」の設置に協力できれば、悲しみや苦しみを共に乗り越えてゆくための連帯感が養われることだろう。くよくよ悩んでいるよりは、身体を動かして、生活改善の作業に参加したほうが、健康に良いのだから。

2　学校や家族の〈絆〉を離れられる協同作業の場を作る

学校でのイジメや家族からの虐待に苦しんできた人びとが、老若男女を問わず、その堪えがたい環境を、いったん、離れられるようにするには、災害時、あらゆる世代の人間のあいだに入って協同作業にあたれる自利利他的なコミュニティー（第2章の3節参照）で、自分の役割を持つのも、一つの打開策である。イジメや虐待の被害者が参加しているかどうかは、すぐには、わからないけれども、ほんとうに助けを求めているのなら、接しているうちに、何らかのサインを出すようになるだろう。

誰しも、自分がいちばんかわいいのだから、自分の利益になることが他人にも役立つのならば、自分のほうから進んで「協同」するはずだ。「利他」（他人のためになること）は、「自利」（自分のためになること）を前提としている。エゴ（人間の利己的な本性）を否定せずに活かす「自利利他的な」コミュニティーが、人生の貴重な時間をイジメや虐待に費やする人びとの関心を、別のもっと有意義な活動にそらせるようにするのである。

ここで重要なのは、このコミュニティーに、イジメや虐待から逃れて来る場としての役割もあることは、周知しないという点である。周知させたりすれば、加害者に「加害者」としてのレッテルを貼り続けることになり、より善く変わってゆける可能性を絶ってしまうかもしれないからだ。「加害者」の「被害者」への暴力も、以前にもまして、第三者にはわかりづらい、より巧妙なものになる恐れがある。

逆にいえば、「被害者」もまた、いつまでも「被害者」意識のまま、かばってくれそうな誰かへの依頼心が強くなると、「加害者」との絶ちたくても絶てない〈絆〉に、より一層、縛られるようになり、問題解決への糸口が見えなくなってしまう。

良くも悪くも、変わることが出来る人間性への信頼を、コミュニティーの運営リーダーもメンバーも、失うべきではない。それでも、被災による人心の疲弊が、その信頼を裏切るような事件を起こしうることも考え、コミュニティーの活動目的（被災生活に役立つもののリサーチと製作）に対する参加者それぞれの意欲を、健全なかたちで高めていかなくてはならない。


参加者には登録カード（参加日にチェックを入れる欄あり）への記入を義務付け、被災者ではない第三者（マスコミ、被災地を観光する野次馬、悪意のある者など）の侵入や介入をブロックする。お互いへの思いやりで成り立つコミュニティーのモラルについては、参加者全員に、誓約書への署名をしてもらう。過去の災害時に起こったトラブルと解決方法の事例を列記し、「わたしたちは、もっとうまくやれるはず」だと、自信を持つように促す。「きれいに使ってくださり、ありがとうございます」と書かれたトイレの貼り紙ではないが、叱るよりも、ほめることで、みんなのヤル気を倍増させる。

運営リーダーは、よそから来たボランティアよりも、地域の事情を知る避難所の住民（複数の男女）のほうがふさわしい。有志が、一週間のなかで担当できる曜日と時間帯を選び、活動内容と連絡事項を共有する。教育関係者や医療従事者など、教える仕事に慣れている人の力も必要だが、「協同」作業の内容しだいでは、その作業に関連する技能者の指導を仰ぐ。そこにいるだけで安心できるような人にも居てほしい。運営に参加することで、自分という人間の持ち味に気づかされ、そのつもりではなくても、リーダーとして活動できているという状態が、理想的だ。一般的な社会通念にいう「リーダー」にはみられないような、上から目線ではない、リーダーシップもあることに気づいてほしい。

ここでいう「協同」の作業とは、災害時に必要となるものを発案し合い、共に製作することを意味する。普段は、あって当たり前のように思っていても、ライフライン（水道、電気、ガスなど）が途絶えて使えなくなるものが明らかになれば、その代用となるものを工夫する手立てがみえてくるだろう。なかでも、次節で詳説するトイレをめぐる改善策は、止むにやまれぬ急務である。（その他、歯のケアを、水や紙をわずかに使っておこなう方法もあるのだが、そのための道具は特に必要ないので、本書では紹介しない。）

あるいは、市販されているもののなかで、停電や断水などの状況を乗り切るために、いちばん役立ちそうな製品を探すのも、作業のうちである。例えば、手回しのハンドルで充電できる小型の懐中電灯（図解参照）は、紐を通して首にかけておけば、夜間のトイレでも重宝するし、いざという時に逃げ道を照らせるので、各自が持つべきものとしては、筆頭に挙げられる。なかには、スマートフォンにUSB充電できる、ラジオ付きの製品もある。製造を続けていかないと、非常時に、たちまち在庫切れになってしまうことを、メーカーは前もって認識し、リアルタイムでの販売に努めるべきである。ネット通販などでの購入者たちも、メーカーに製品の必要性を訴え、改善点などを知らせたほうがよい。(46) 需要と供給のバランスを、被災地での切実な声によって、均衡に保つのである。

作業のはかどり具合には個人差があらわれるだろうが、それを比較したり、抜きんでた者を優遇したりすることはしないように気を付けたい。普段は、仕事のノルマをクリアできた時間で能率をはかるものだが、災害時の作業は、速さを競わず、各人の気がまぎれ、作り出したものを自分や家族が利用し、他人のためにもなるのなら、それで充分なのである。例えば、子どもなどは、夏休みのラジオ体操のように、作業に参加した日数分のスタンプやポイントをもらいたがるものだが、被災地で点数稼ぎを競い合えば、高得点の子どもやその親たちを欲張りにしてしまうので、慎むのが無難であろう。他人よりも多く得ようとするのが人の習いなので、その欲をそそるような企画を「自利利他的コミュニティー」に持ち込まないように気を付けなくてはならない。むしろ、より多く生産できた者が、あまり生産できなかった者の不足分を補うことで、欲を離れる体験を少しずつでもしていけるように仕向けるのだ。親がそうすれば、子どももまねをする。その記憶が、やがて、災害以前のような生活に戻ってからも、その子の経験となって活かされることを願いたい。

では、いったい、どこに、このコミュニティーを築くのか。「個室シェルター」の列が並ぶ体育館などから、あまり遠くはない、少し離れた場所。雨露から守られた空間で、作業の成果（作ったもの）やその材料などを安全に保管しておける倉庫もある建物であることが望ましい。その地域の施設が使える状態であればよいが、無い場合は、設営する。避難所から仮設住宅に移る際には撤去すべき仮小屋でも、余震で倒れたりしない丈夫な造りをしていなければならない。その仮小屋のほうが、避難所の「個室シェルター」よりも上等に見える場合はそれが、コミュニティーの活動に参加するための動機付けになるであろう。

大サーカス団の用いるような設営テントは、広いのが魅力的だが、運営リーダーの眼が十分に行き届かない死角があるのと、雨、風、雪などには弱いので、向いていない。

参加者が増えて、仮小屋が手狭になった場合は、増設するか、参加したい曜日を選び、作業の一部を「個室シェルター」のほうでおこなうようにする。作業場の統率は大人が担当するが、発案や作業の工夫は、年齢を問わない。手先の器用な人、上手な人、作るのが楽しい人が、周囲の人びとに教える。

生活上の必需品を製作するのに必要な材料が、その地域にない場合は、支援者に調達を要請し、製作の手がストップしないようにしたい。支援者のほうも、なぜ、その材料が必要なのか、それがどのように使われているのかを理解することで、より適切に材料を選び、より早く届けるようにする。

毎日、確実に使用するもの、どうしても無いと困るものを作ることによって、参加者が社会的な使命感を持てることが、コミュニティー存続の主な理由だとすれば、その主要作品（被災者専用の生活必需品）とは、どのようなものになるのだろうか。順を追って、その核心に迫ってみよう。

3　インド人のトイレ作法に学ぶ

国土の大部分が森林で覆われているお蔭で、木材由来の「紙」にも、山々から流れくだる豊かな「水」にも恵まれてきた日本人は昔から、伐採した分は植林で補充し、水源地の自然も聖域として厳重に守り続けてきた。その努力はいまも変わらず、われわれの生活をうるおしている。

身心の浄めとして禊祓（みそぎ・はらえ）をおこなう神道[47]の影響もあり、「水」もふんだんにあることから、毎日でも風呂に入ることができる日本人は、湯船という大量の水を沸かすための入浴装置を自宅に設置している。３・11のような災害時に、残り湯を捨てなかった家は、幸いである。その湯を、断水してしまったトイレの流れをよくするのに利用できるからである。

残り湯などの廃水や、学校のプールの水、川から汲んで来られる水などが確保できない場合、トイレへの排泄を続ければ、詰まるのは、時間の問題である。特に、トイレットペーパー（紙）を普段から、ミシン目がついているのにも気づかないほど、ふんだんに引き出して、使用後は、ほとんど無意識に、トイレに流すような習慣のついている日本人の多くは、災害時でも、いつものやり方をなかなか、やめられないようである。水洗トイレが使えず、仮設トイレも届かない状況でさえ、糞尿の山が便器に溜まるまで使用を続けるし、トイレットペーパーも、その中に捨ててしまうので、災害以前の、さほど清潔とはいえなかった避難所の公衆トイレが、あっという間に、悪臭の漂う劣悪な場所になってしまうのだ。自宅のトイレならば、やむなく使用禁止を受け容れるのに、よそへ行くと、捨てばちな使い方をするのは、公衆衛生を守ろうとする市民としての自覚に欠けるからなのであろうか。それとも、被災者としての鬱憤を晴らすための腹いせなのであろうか。

このような事態を予見して「トイレを我慢し、水を飲まないようにするのにも、限界がある」という状況下でも、飲む水は確保できていることには救いがあることを、知るべきである。「飲み水は、飲むためにあるのだから、それを飲めば、すぐに尿意をもよおす。それがなぜ、災害時のトイレ対策の救いになるのか」という反論に対しては、次のような提案をおこないたい（※図解の「あると便利なトイレ・グッズ」参照）。

（1）給水車の到着以前でも、飲み水の確保はできている、という場合は、「紙」（トイレットペーパー、水に流せるティッシュペーパーなど）が無くても、飲み水からわずかな分量をトイレ用に使うことによって、少量の「水」でも、排泄後の快適さを保てるのである。それによって、水の有難みを痛感できるので、少々の飲み水を減らしても、長い目でみれば、有意義な体験だ。

わずかな水を活かす方法は、いまでも、トイレットペーパーを使わないトイレ作法を実践するインド、イラン、インドネシア、北アフリカ、その他の広範囲にみられるもので、筆者自身も、インドに留学していた際、そのやり方を習得し、帰国後も、できる限り、実践してきた。最近では日本でも、携帯の小型洗浄器に水を入れ、手動または電動で、ノズルから水を噴射させられる洗浄用の製品[48]が出回っているが、インド式は、そのような製品も使わず、落としても割れないステンレスかプラスティックの、柄の付いたコップに、水を満たすだけなのだ[49]。普段は、たいして注目もしなかった、ありふれた物が、トイレの洗浄機能に代わるはたらきをするのを知れば、それまで疎くて見えていなかったことの大きさに気づかされる。

古来、インド人にとっての左手は、トイレでの洗浄をおこなう不浄の手、右手は、指をスプーンのように曲げながら食べ物を口に持っていくための浄い手として、役割分担が決まっている。さっそく、そのまねをしてみよう。

まず、右手でコップの柄を持って、和式のようにしゃがむか、洋式のように座るかして、排便・排尿直後の箇所（他でもない、自分の身体の部位）に、最少限の水を少しずつ、かけていく。同時に左手で、水が確実にそこへ落ちているかを確かめながら、洗浄する。あるいは、左手のくぼみに、少量の水を受けては洗う、の動作を繰り返す。

上達してくれば、コップ一杯の水を、その半分にまで減らしても、充分に洗えるようになる。水がもし余ったら、手を洗う。

このような洗浄の動作は、風呂場でシャワーなどを浴びている時のそれに近いものだが、トイレでそうする、という体験を、厠（かわや。川屋）[50]へ行かなくなった日本人はとうの昔に忘れ去り、温水洗浄便座のハイテク機能[51]を、当然のように思っているので、最初のうちは、抵抗感があるかもしれない。

自分の身体なのに、触れて洗うのは「汚い」などと言う人は、乳幼児のオムツを取り替える母親、家族の下の世話をする人、患者のもらした糞尿をきれいに拭き取る看護師などのことを考えるとよい。排泄物に健康状態や病状のサインをみる知恵を持つ彼らに学ぶべきことは多い。まさに「手当て」をする癒しの手を持つ彼らが、その手で食材にも触れ、料理もすることを思い出すべきであろう。「手」は、汚れを落とし切れずに、いずれは捨てられてしまう雑巾などとは違い、何度でも洗い浄められる、生きた洗浄用具なのである。

洗浄が終わったら、「紙」で拭かなくても、きれいになっているのだから、体温による肌の自然乾燥に任せても大丈夫なはずだ。拭いたあとのトイレットペーパーを、ゴミとして山積させるよりも、はるかに清潔で、見た目も良く、乏しい物資の節約にもなる。各自の健康状態に合わせて、拭くための「紙」に代わるものがどうしても必要な場合は、シーツなどを細かくカットするのもよい。昔は、クシャクシャにして柔らかくした新聞紙を使ったりもした。衛生面に配慮しながらも、いまあるものを活用するようにしたい。

因みに、ここで紹介したインド人のトイレ作法は、仏陀（釈尊）の時代以前から、おこなわれてきたと推測されるのだが、中国のほうにも、仏教とともに伝えられた。その伝統を学んで帰国した道元禅師も『正法眼蔵』のなかに「洗浄」の章を設け、東司（とうす）即ちトイレでの洗い方を説いている。紙やへらで汚れを落とす方法に触れたあとで、

> 洗浄する方法は、右手に浄桶をもちて、左手をよくよくぬらしてのち、左手を掬《きく》につくりて水をうけて、まづ小便を洗浄す、三度。つぎに大便をあらふ。洗浄如法にして浄潔ならしむべし。このあひだ、あらく浄桶をかたぶけて、水をして手のほかにあましおとし、あふれちらして、水をはやくうしなふことなかれ[52]。

と教えているところなどは、インド式の作法に等しいといってよいだろう。「桶」と「コップ」のわずかな違いも、取っ手になる柄が付いている点では同じである。水はこぼさずに、そのすべてを「洗浄」に活かしきることで、最善を尽くす。そのためには、「左手」を容器のようにくぼませて、水を受けられるように工夫しなければならない。修行僧ではなくても、この方法によって、快適で清潔な排泄をおこなうことができる。

「水」の持つ「洗浄」能力の高さは、「紙」の比ではない。「桶」よりも少ない「コップ」の水でも、無駄なく使えば、充分に用を足せることを、実際に体験してほしい。

（2）では、そのトイレ作法を、どこで実践するのか。電気、ガス、上下水道、下水・屎尿処理場などが復旧するまでのあいだ、いつものトイレが使えなくなり、仮設トイレ[53]も届いていない状況のなかでも、プライヴァシーを守れる空間さえあれば、その中で、おこなうことができる。

特に困るのは、独りでは出歩けない深夜の排泄だが、「個室シェルター」ならば、外に出る必要はないので、防犯対策にもなる。排泄時ほど、身の安全が危ぶまれるからだ。すでに用意されている災害用のトイレへ、夜中に人を起こして一緒に行く、というのは、考えただけでも、気づまりになってしまい、水を飲もうとしない人が、脱水症状やエコノミークラス症候群（静脈にできた血栓が肺の血管を閉塞する症状）にかかる、という事態を「個室」で回避できれば、それに越したことはない。

尿は、できればフタのあるバケツ（男性の場合は、尿瓶〈しびん〉の代わりになる、取っ手の付いた、洗剤などの入っていた大型容器が便利）に溜めておき、日中、決められた場所に捨てに行く。排泄後の洗浄も、そのバケツでする。バケツがない場合は、厚手のポリ袋（大型）を使う。段ボール箱があれば、その内側にポリ袋を敷き、容器の形を作る。

便は、小型のポリ袋（百円ショップの、一袋に百五十枚ほど入ったビニール袋でよい）の内部に新聞紙や広告紙を敷いたものを両手で持って尻にあてがい、首尾よく落としたら、すぐに密閉する。それをさらに新聞紙で包み、もう一枚の同じポリ袋に入れて、固く締める。その袋を、フタのあるもの（取りあえずは段ボール箱、できればプラスティック製のゴミ箱など。手作りも可能）に入れておき、これも明るい時刻に、収集場へ捨てに行く。密閉する前に、臭いを抑えるオガクズや砂[54]を撒ければよいが、ただでさえ物不足の被災地では、入手できないだろう。

「個室」の中で万事、上手におこなえばよいが、仕損じると、臭いがもれる恐れがあるので、上達できるように努める。ポリ袋をあてがうのがどうしても難しい場合は、次に述べる、新聞紙や広告紙などで作った容器を用意しておく。

（3）その容器とは、折り紙の「箱」である。ハサミを使っても、使わなくても作れる。何重にも重ねた[55]、フタ付きの「箱」を、先程のようにポリ袋で密閉すれば、臭いを抑えることができる。「箱」を用意せず、たんに新聞紙の上で排泄するのもよいが、臭いを拡散させる恐れがあるし、手早く包むにしても、「箱」よりも手間取るのではないだろうか。それに、「新聞紙の上」というのが、人間のトイレらしくない。どうせならば、手作りの「箱」を使うのを楽しむくらいの、心の余裕がほしいものだ。この楽しみを絶やさないようにするため、よりたくさんの「箱」を作らなくてはならない。そこで、支援者には、大量の、できるだけ清潔な新聞紙、広告紙、梱包用の紙などを持って来てもらう。ポリ袋も、透明のものだけではなく、中身を見えづらくする黒いものがあれば、リクエストする。

先述した「協同」作業のコミュニティーでは、この「箱」作りが中心になるだろう。毎日の需要に応えられるようにするためである。

排泄用の使い捨て容器（携帯トイレ）を製作する方法は、折り紙の他にもあるだろうから、いつでも、発案者の声には耳を傾けよう。コミュニティーの参加者たちは、このワークショップで、自分自身も含めた、みんなの健康に役立っていることを、誇りに思えるようになるだろう。ぜひ、そうなってほしいものである。

（4）「個室シェルター」での排泄を希望しない場合は、その避難所で設置した、男性専用、女性専用の、トイレ空間を利用することになる。その際、男性専用トイレと女性専用トイレの場所は、別々の場所に設置し、女性のトイレ通いが男性の眼に触れないようにしなければならない。夜間は、懐中電灯（できれば、手回し充電のできる製品）に紐を通したものを首に掛けて、少なくとも、二、三人で行動する。

野外の災害用トイレには、下水道の所在を示すマンホールの上に、フタを開けて設置したマンホール・トイレもあるが、より簡易なテント型のトイレを、取りあえず組み立てる場合が多い。いずれも、糞尿をただ落としただけで、密閉はしないので、臭気が拡散する。昭和の前半期まで、都市部でもみられた汲み取り式トイレとバキューム・カーの臭いを知らない世代の人にとっては、不快感ばかりがつのるのではないだろうか。不特定多数の人間による糞尿を溜めた狭い空間では、本来ならば、トイレでこそ解消できるストレスのはけ口がなくなってしまう。

（5）そうした不快感は、仮設トイレが搬入されても、充分には改善されない。一回ごとに排泄物を密閉して、フタ付きのゴミ・タンクに集め、臭気漏れを防ぐようにするのが、いちばん無難ではないのだろうか。一回ごとの始末は、排泄物に含まれる細菌の拡散を抑え、感染症の拡大を予防するためには、最適の処置である。

「水」は、トイレの水洗用にではなく、排泄後の肌を洗浄するために用いるように努め、手を器用に使う方法を各自が工夫する。

「紙」は洗浄後において、必要最少限の使用にとどめる。トイレットペーパーなら、ミシン目二、三枚分だけを切り離して、無駄なく使い切るように心がける。ウェットティシューなら、一枚を半分に切って二枚分にする。やってみれば、できるものである。

これによって、物不足の不便さをやわらげ、節水の意識を高めることができる。使用後の「紙」は、やはり、手作りの「箱」に入れておき、ポリ袋で密閉する。女性の場合、被災地ではサニタリー用品の捨て場に困るという声を聞くことがあったが、自分で責任を持って保管のうえ、公共のゴミ捨て場に運んでもらい、付近の山林や空き地などに放置しないよう、注意してもらう。

「水」も「紙」も、その用途によっては、人間の嫌う「不浄」の状態にさらされるわけだが、「不浄」を浄めるために使われる「水」と「紙」は、飲み水や印刷用紙に使われる「水」や「紙」と同じ様に、人間の生活を支えているのである。その意味では、使い道による「浄」も「不浄」もない、ということになる。(56)人間が汚した「水」と「紙」を、汚した人間自身が嫌悪してかえりみないのは、衛生上の理由もあるとはいえ、もとはといえば、人間の選り好みにすぎないのである。

普段は、たいして注目もしていなかったものの価値がほんとうにわかるようになるのは、災害時のように、不便な暮らしを強いられた時である。携帯トイレの「箱」を始めとする生活必需品を協同で製作する「自利利他」のコミュニティーへの参加によって、災害以前は気づきもしなかったことが見えてきた人びとのあいだに、堪えがたくもなく、親しくなりすぎて離れがたくもならない、ほどのよい〈絆〉が新しく生まれることを願ってやまない。避難所から仮設住宅、そして復興住宅へと移っていく歳月のなかで、一度は結ばれた〈絆〉の記憶が、懐かしく心に残ったとすれば、災害がもたらした不幸の痛みを、ほんの少しでも、和らげられるのではないだろうか。

「解放」や「自由」を求めざるを得ない〈絆〉は、与えられたもの[57]だからこそ、窮屈きわまりなく感じられてくるのだろう。だが、自分のほうから求めて創造した〈絆〉ならば、求めるものがそこで得られる限りは、居心地のよさが続くことだろう。生きがいは、そうした積極的なはたらきかけによって、生まれるものである。〈絆〉という漢字の定義になど縛られない、広範囲の意味を持った新しい〈絆〉の誕生を、現代社会のなかに期待したい。

郷土愛に支えられた地方住民の結束も、故郷との結びつきが希薄な都会人どうしの助け合いも、災害時の苦難を乗り越えてゆく力を発揮できるという点では同じであろうが、3・11で示された、自治組織（消防団など）の諸活動を始めとする、東北人の地元意識の強さと、家族に対する想いの深さ[58]は、格別であったように思われる。今後また、いつ起こるかわからない大規模な災害に備えるためにも、普段からの生活を見直すためにも、彼らの生き方に学ぶことは多い。筆者もまた被災地にあって、その静かで芯の強い態度に勇気づけられてきた。

第2章で触れたFさんの住む地域では、関心のある方々に、インド式のトイレ作法を試していただき、その効果を実感してもらうことができた。なかには、どうしても、「水」よりも「紙」のほうがきれいになると主張する方々もいたのだが、それは恐らく、断水の苦労から、「水」を飲み水以外の用途、とりわけ、トイレのために使うことに抵抗感があったからだと思われる。

それよりもむしろ、困ってしまったのは、医師や看護師などの「有資格者」からでなくては、指導を受けたくないと言う住民が、少数ながらもいたことだった。

医療行為ができないという意味での「無資格者」にも、人に教えて差し支えない生活上の知恵は、たくさんある。トイレ作法もその一つである。とりわけ、災害時には、資格の有無に必ずしもとらわれず、お互いに教え合い、良さそうなことは取りあえず、試したほうがよいのである。

本章の2節で、誰もが参加できるコミュニティー作りを提案したのも、医療や福祉に関わる「有資格者」のリーダーシップだけを頼りにしない、自主的な行動（ボランティア活動）を推奨するためだった。無償で働く人びと（ボランティア）には、有償で働く専門家が知る機会を持たなかった、実に様々な人生の経験と知識がある。その話に耳を傾けず、活かせることも活かさないのは、もったいないではないか。医療や福祉のプロは、その点を謙虚に受け止め、「専門」にとらわれない広い視野を持って、被災民との連携に取り組んでほしい。

4　インドで愛用した行水バケツの思い出

断水してから水道が復旧するまでのあいだ、日ごとに毛髪がカサカサ、ゴワゴワになり、ホコリをかぶったような臭いがするのも、いつの間にか慣れてしまい、かゆくもなくなってしまったのは、不幸中の幸いだった。洗濯ができないことから、同じ服で通すうちに、体臭も強くなっていった。それだけに、ボランティア団体が入浴所を設置した日のことを、七年たった今でも懐かしく思い出す、という人が多い。湯あがりの爽快感が快い眠気を誘い、ぐっすりと寝入って、目が覚めた時の幸せな気持ちは、一生、忘れないだろう。

日本では、被災地の入浴所でさえ、プールのような浴槽を用い、いい香りのする入浴剤を湯に投入する。日本人はそこに、あるべき風呂の姿を見てホッとするのであろう。その心地よさが、海外ではまず体験できない特別なものであることを知る人は少ない。

インドで暮らしていたあいだ、毎日のように必ずしていたのは、熱湯の出る給湯器の蛇口の真下に、バケツを置くことであった。自分のバケツだけではない。そのフロアに住んでいる学生全員(59)のバケツが順番を待って、長蛇の列をなしているのである。糸のように細く流れ落ちる熱湯が一個のバケツを満たすまでには、少なくとも十分はかかる。一個が済むと、次のバケツを蛇口の下に移動させ、その持ち主の部屋に行って、順番がまわってきたことを知らせる。そのようにして溜めた熱湯を、ステンレス製の柄の付いたコップで汲み、水で薄めて、行水する。バケツ一杯の熱湯が、何倍分ものぬるま湯として、活かされるのだ。余った湯は、洗濯に使う。そのバケツは、日本の家庭ならどこにでもある中型の大きさでしかない。一度にさっと庭にでもまいてしまえるほどの容量なのである。シャワーがなかったおかげで、行水バケツの思い出に恵まれた筆者にとって、湯水をあまりにもふんだんに使う日本人の生活は、贅沢このうえない。たらいを使って行水していた昔の習慣に戻るわけにもゆかないが、来たるべき大災害に備えるには、いま以上の節水を体験しておいたほうがよいだろう。たった数滴の水でも、なしうることはあるのだから(60)。

水は、大きな力を得ると恐ろしいものになるが、生きものの身体を満たす生命の根源でもある。水によって命を奪われ、水の不足に泣かされもする。3・11は、まさにそのことを思い知らされる大災害だったのである。

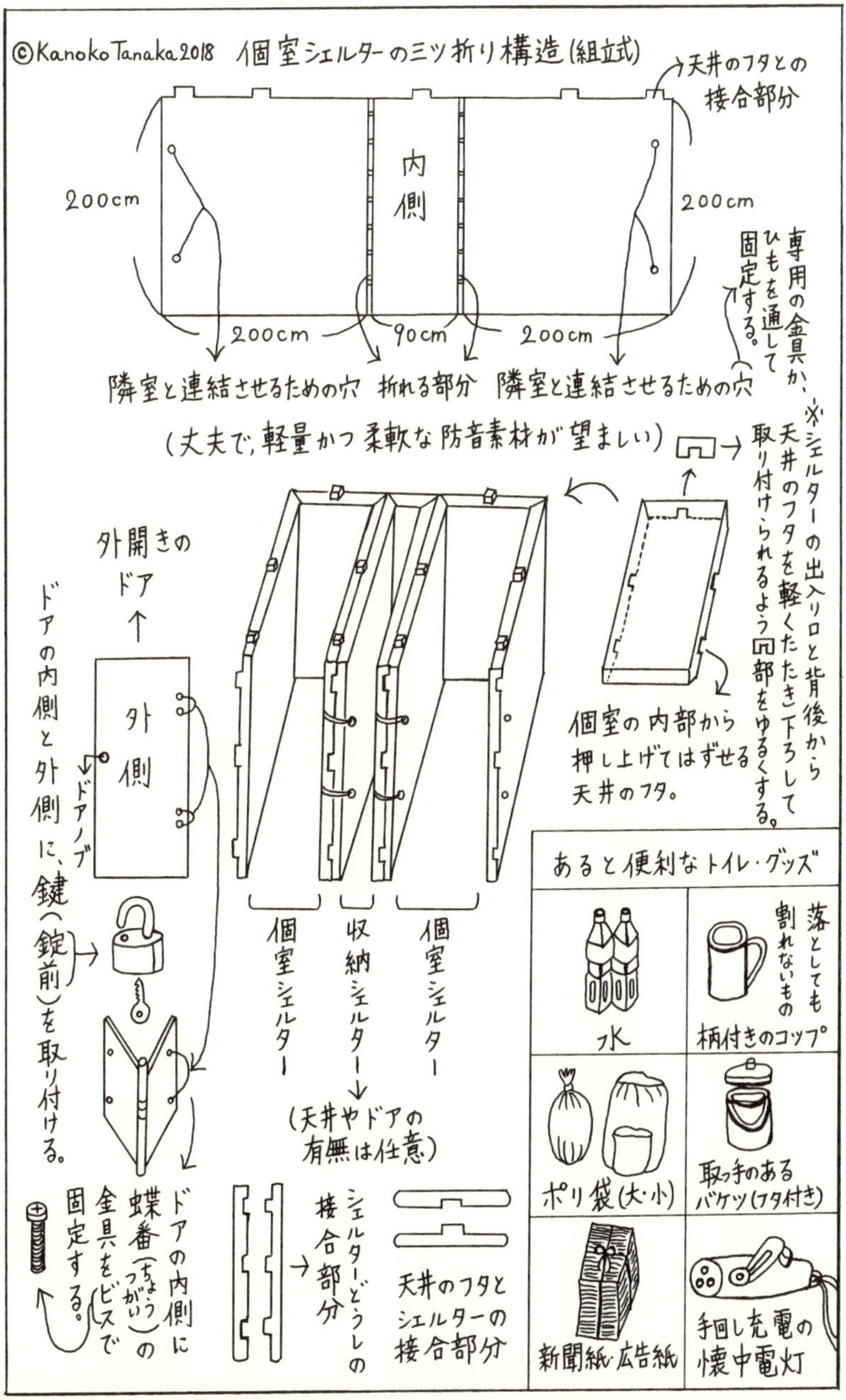
©KanokoTanaka2018
個室シェルターの三ツ折り構造(組立式)
天井のフタとの接合部分
内側
200cm
200cm
200cm
90cm
200cm
隣室と連結させるための穴
折れる部分
隣室と連結させるための穴
専用の金具か、ひもを通して固定する。
(丈夫で、軽量かつ柔軟な防音素材が望ましい)
※シェルターの出入り口と背後から天井のフタを軽くたたき下ろして取り付けられるよう⊓部をゆるくする。
個室の内部から押し上げてはずせる天井のフタ。
外開きのドア
ドアの内側と外側に、鍵(錠前)を取り付ける。
外側
ドアノブ
個室シェルター
収納シェルター
個室シェルター
(天井やドアの有無は任意)
ドアの内側に蝶番(ちょうつがい)の金具をビスで固定する。
シェルターどうしの接合部分
天井のフタとシェルターの接合部分
あると便利なトイレ・グッズ
水
落としても割れないもの
柄付きのコップ
ポリ袋(大・小)
取っ手のあるバケツ(フタ付き)
新聞紙・広告紙
手回し充電の懐中電灯

あとがきにかえて

本書で指摘したこと、提案したことについては、今後も、たくさんの議論をおこなう余地が生まれることだろう。なかでも、最終章の「個室シェルター」および「収納シェルター」【より厳密には、「避難所用の凹凸連結型・天井着脱式の個室シェルターと、その安定化をはかる収納シェルター」のように、複数のキーワードを盛り込み、「間仕切り」や「パーティション」、強固な構造の「シェルター」などとの相違を明示した名称を考案】をいかに製造するかの詳細な具体案については、筆者のアイディアをさらに展開してくださる技術者の助力が必要である。製作に関心を持たれた方々からの御連絡をお待ちしたい。

また、トイレ作法の場合は、紙面でいくら書いたり図解で示したりしても、説明しきれないものがあるし、「箱」作りなども、参加者それぞれの体験に応じた様々な工夫ができれば、有意義であろう。講習会やワークショップを開催する機会がほしい。

本書では、現代の日本人にとっての宗教（特に仏教）が、人の生と死の問題を考えるのに、どのような応答をなしうるものなのか、についても論じたが、さらなる問いかけを、より多くの方々から拝聴し、対話を続けていきたい。

この一生をなぜ、人間として過ごしているのかは終生、わからずじまいになるだろうが（宗教・哲学では諸説がみられるけれども）、世のため、人のためになれば、本望である。

学問の自由に則り、これは大切だと考えたことは、ためらうことなく、どんなことでも研究しようではないか。それは、老若男女に限らず誰もが取り組み、参加できる道なのである。

3・11の苦難は、専門や専攻の枠を取り払う、複合的で多様なテーマをもたらしてきた。これからも、たくさんの人が、震災の記憶から、将来への改善点を学んでゆくことだろう。

※　日頃から実践しておきたいことを、取りあえず、五つだけ。
1. 水道水の無駄遣いや出しっ放しを慎み、必要最少限の水量を活かす工夫をしてみる。入浴のために新しい湯を沸かすまでの間は、前回の残り湯を保存し、断水時に備える。
2. 外出時のみならず、自宅でも、コップ一杯の水を、トイレで活かす練習をしておく。
3. 肩・腕・脚などの関節を柔軟に保つため、日に何度か、体操（屈伸運動）をする。
4. ケンカをしたまま、出かけない。「ありがとう」と「ごめんね」は、素直に言う。
5. 悔いのないように、いま、できることは、行なう。はかない「いのち」を自覚する。

註

（1）【9頁】二〇一八年三月現在、警察庁のまとめによる被災三県のデータは、以下のとおりである（二〇一八年三月一一日付の読売新聞）。
死者、一五、八九五人の内、岩手県　四、六七四人、宮城県　九、五四〇人、福島県　一、六一四人。

行方不明者、二、五三九人の内、岩手県　一、一一六人、宮城県　一、二二三人、福島県　一九六人。

震災関連死、三、六六八人の内、岩手県　四、六六人、宮城県　九二七人、福島県　二、二二七人。

当初、全国で最大約四七万人いた避難者は、二〇一八年二月時点で、七三、三四九人に減少。この内、岩手、宮城、福島で避難生活を続ける人は、計三四、一四三人と半数近くを占める。福島県における震災関連死の多さは、年間百人のペースで増え続けていることによるものである。

（2）【17頁】ＮＨＫに残る資料を調べたところ、復興支援ソング「花は咲く」がテレビで初めて紹介されたのは、二〇一二年三月一〇日の「特集 明日へ 支えあおう 東日本大震災から一年」（ＮＨＫ総合）においてであった。翌年三月一一日の午後二二時一五分からの「サンデースポーツ」では、エンディング曲として使われるようになったというが、七年たった今では、ＮＨＫにおいてでさえ、当時の情報が散逸していて、正確なことが確認できないのだという。にもかかわらず、ＮＨＫふれあいセンターでは、かかってきた電話の問い合わせに対する待ち合い（質問しても即答してもらえない場合、「しばらくお待ちください」と言われて待っているあいだ）のＢＧＭに、この「花は咲く」のメロディーを使用しているのである。情報社会と呼ばれ、記憶媒体やアーカイブスなどの進歩した現代でも、そのような不確かさが生じていることに、疑問を持った。

NHK東日本大震災プロジェクト担当者によれば、「花は咲くプロジェクト」による「花は咲く」の放送で発生した著作権料は、被災地へ義捐金として届けられ、その総額は、およそ二億五千万円あまりだったという。

（3）【21頁】震災から四年後、作曲した菅野よう子氏（仙台市出身）が、三回繰り返される「わたしは何を残しただろう」の最後の一回に、「わたしは何を残すだろう」という変更をほどこした。東北の人が一歩前に進めるように、との思いから、作詞者の岩井俊二氏と相談したのだという。なぜ、四年なのか。もっと早く気づけなかったのだろうか。

（4）【25頁】ナチス・ドイツの強制収容所にいた精神医学者ヴィクトール・E・フランクルは、当時、妻がすでに死亡していたことを知らなかったが、その安否にかかわらず、妻の「現存」を感じ、対話しながら、苛酷な労働に耐えることができたという。ヴィクトール・E・フランクル著、池田香代子訳『夜と霧　新版』みすず書房、二〇〇二年、六三頁。

（5）【26頁】宮澤賢治作、谷川徹三編『童話集　銀河鉄道の夜　他十四篇』岩波文庫、一九六六年、三六九頁。

（6）【27頁】『阿弥陀経』に「倶會一處（倶会一処）」（「一處」即ち浄土において「倶會」共に再会すること）の語がみられる。中村元、早島鏡正、紀野一義訳注『浄土三部経（下）』岩波文庫、一九六四年、九三頁。

宮澤賢治は『法華経』の信者なので、諸仏が主宰するそれぞれの浄土のなかでも、阿弥陀仏の西方浄土をイメージしているとは限らない。

（7）【31頁】三陸河北新聞社「石巻かほく」編集局編『津波からの生還　東日本大震災・石巻地方　一〇〇人の証言』旬報社、二〇一二年にみられる生還者の咄嗟の判断は、今後の教訓となる知恵を示すものである。

（8）【31頁】一九九〇年の第一回「全国沿岸市町村津波サミット」で紹介され、話題になった岩手県の防災標語。たとえ、自分以外の人を助けられなかったとしても、その責めを負わないようにする、という意味もある。自分の命は自分で守るのが原則ということなのであろう。

（9）【36頁】以上の発言および以下の、永井隆に関する記述は、映画『この子を残して』（監督・木下恵介、原作・永井隆、脚本・山田太一、木下恵介、キャスト・加藤剛、十朱幸代、大竹しのぶ他）一九八三年、松竹・ホリプロ提携作品からの引用。

（10）【39頁】思想家の例・関東大震災という天災を「天罰及び天恵」とみなし、堕落した当時の日本社会の道徳的再生には、東京市民の尊い犠牲が必要だったと発言した、無教会主義で知られる内村鑑三。堕落がみられた一部の政治家や財界人が生き残り、慎ましくも賢明に生きていた多くの庶民が「犠牲」になったことの意味が不明である。

政治家の例・3・11以降では、物質的な繁栄に蝕まれてきた戦後の日本人が浄化されるには、津波のような災害によってその罪を洗い流さなくてはならないと発言した、石原慎太郎。

（11）【40頁】例えば、海の〔神の〕怒りを鎮めるために、船から波間に身を投げるという人身供犠の場合、海〔の神〕は、もともと、投身者の命を欲していたのではなく、怒りを持て余して大時化を起こすだけの理由があったのである。その理由を察した人間が、いちばん貴重な人命を捧げる代わりに、怒りを解いて、船の運航を妨げないように願う。その結果、荒れ狂っていた海が穏やかになったとしても、それは、自然が人間を「犠牲」にしたからなのではない。人間が他の人間を「身代わり」にして、命拾いしただけの話なのである。この種の神話（例えば、倭建命との航海中、波濤に身を投げた弟橘姫）では、自己犠牲に徹した投身者が、海中の世界でその勇気を讃えられ、歓迎されたというような救済譚が語られないので、彼女あるいは彼の最期は、あまりにもはかない。それが尊い「犠牲」だったとしても、自然（海あるいは海の神）のためになったとは考えられないのである。

(12)【43頁】諸橋轍次著『大漢和辞典』縮刷版、巻八、大修館書店、一九六七年、一〇一九頁。

(13)【43頁】同書、一〇三一頁。以下の用例五つも同様。

(14)【44頁】因みに、百枚入りの「救急絆創膏」として販売されているもののなかには「ＫＩＺＵＮＡ　ＴＡＰＥ（キズナテープ）」（製造販売者・リバテープ製薬株式会社。所在地・熊本市）という名称もみられる。ただし、「効能・効果」は「創傷面の保護」だが、「布地に薬を塗った膏薬」ではない。

(15)【44頁】鈴木一雄、外山映次（編集代表）、伊藤博、小池清次（編集幹事）『全訳読解古語辞典』第四版、三省堂、二〇一四年、三五五頁。

(16)【45頁】同書、一〇五八―一〇五九頁。

(17)【45頁】同書、一〇五九頁。

(18)【49頁】註(1)参照。

(19)【55頁】例えば、仏教では、人を引き寄せて救うためにおこなう慈悲の利他行として、「布施」(法施と財施)、愛語(優しい言葉をかけること)、利行(身口意の三業によって、人のために尽くすこと)、同事(相手の身になって協同すること)の「四摂法」を説く。なかでも、愛語は、体力や経済力がない場合でも、時と場所を選ばずにおこなえるものである。中村元著『佛教語大辞典』縮刷版、東京書籍、一九八一年、一五一―一六、五二四頁参照。

(20)【64頁】石井光太著『浮浪児1945―戦争が生んだ子供たち』新潮社、二〇一四年参照。なかには、家族が生存しているのに、自立するための家出をし、そのまま故郷には帰らなかった人もいれば、家族が捜しに来て、連れ戻された人もいたという。

(21)【66頁】二宮徹解説委員「NHKくらし☆解説・仮設住宅6万人のくらしは?」(NHK解説室、二〇一六年三月八日)参照。

(22)【67頁】避難先でのイジメ問題は、本章に登場するFさんと廻った地域で筆者が見聞した事実である。仮設住宅に引きこもる子どものなかには、イジメが原因の登校拒否児がいた。

(23)【68頁】例えば、昭和の三〇年代から四〇年代にかけての「クラス」にもイジメはみられたが、下駄箱に入っている上履きを隠したり、無視して仲間外れにしたりする程度だった。孤独な時間を読書や勉強に活用できる芯の強い子どもは、独りでいることを苦痛には思わなかったので、それがイジメとして問題になることもなく、周囲の子どもたちも、その子を執拗にかまって、自死に追い込む陰湿な暴力行為に及ぶこともなかった。暴力的な行為としては、男子どうしの取っ組み合いのケンカがよくみられたが、ひとしきりすれば、あとはスッキリとして、後腐れのないものだった。

(24)【72頁】註（19）と同書、一三六、一五七頁参照。愛憎を超えた境地であることから、「怨親不二」ともいう。

(25)【72頁】二〇一一年七月のテレビ報道（自衛隊指揮官、君塚栄治陸自東北方面総監の報告）によれば、3・11の被災者救援で亡くなった自衛隊員の家族は三四四人、行方不明は一二一人だった。家族が被災した隊員は七月一日現在で三七四人、安否がわからない家族は当初、五〇〇人を超えていたが、二四時間態勢の任務に変更はなかったという。そこで、自衛隊ＯＢがボランティアで、隊員の家族を捜索した。一週間後に再会できたケースもあったという。震災時の捜索活動はこのように、無償で引き受ける、善意の人たちによって支えられていたことを、忘れてはならない。

(26)【73頁】田中かの子「『ありのまま』をみる、という智慧について」（『仏教看護・ビハーラ』第7号、仏教看護・ビハーラ学会、二〇一二年、一九一―一九七頁）参照。

(27)【74頁】「生老病死」の苦における「生苦」を「生きる苦しみ」だと誤解して、「仏教は、悲観的かつ消極的な生き方を教える宗教である」との見解を持つ人がいるが、正しくは「生まれる苦しみ」なのである。解釈としては「胎児が狭苦しい産道を通り抜けて産まれてくる時の苦痛」と「前世からの煩悩を持ち越してこの世に生まれてきた、思い通りにはならない誕生の苦しみ」の二通りが知られている。

(28)【74頁】「諸法無我」は、これを抜きにすると仏教ではないといえる根本教理である。仏教は、あらゆるものが絶えず移り変わりながら存続しているこの現象世界（この世）だけを関心の対象としている。われわれ人間の生きている場所だからである。

この世では、様々な原因や条件（因縁）が集まり、組み合わさることで構成されたものばかりで、時がたてば、その構成も解消したり変容したりしながら、別のものに変化してゆく。人間存在もまた、その例外ではない。

つまり、「諸法」はあらゆる事物、「無我」は、それらの事物を永遠に変わらないようにするもの（永遠不滅の本体）は、存在しないことを意味する。「諸法無我」とは、そのように変化を止めないこの世界のなかで、この自分もまた、恐れずに、より善いほうに変化する生き方をするよう、教えているのである。

したがって、「我」が無い（無我）というのも間違いではないが、厳密にいえば、「我」（常住不変。ずっと永遠に変わらないもの）の状態ではない（非我）といったほうが、より正確である（「諸法非我」）。

以上のような議論が生じるのは、聖書の思想（ユダヤ教とキリスト教）のように、現象世界（この世）を創造した永遠不滅の存在（神）を認めないからである。インド宗教のなかでも、仏教とジャイナ教は、人間の運命を支配する神々（唯一者の様々な顕われ）の心を動かす祭式の万能を説く祭司の宗教（ブラーフマナの思想）を否定したので、なおさらのこと、人間の自主的な行動、何ものにも支配されない自由意志（聖書では逆に、自由意志は、神から人間への賜物）を尊重したのである。

不幸な時は一刻も早く変わっていきたいが、幸福な時は、ずっとこのままでいたいと思い、老いて病気になりたくないと願うのが人の常ではあるが、いかなる変化をも受け容れて生きる柔軟な態度にこそ、「諸法非我」の実践例がみられるのではないか。

(29)【79頁】註（6）参照。この世を去って、阿弥陀仏の浄土に生まれる（浄土往生する）というのは、「南無阿弥陀仏」の一声で、どんな人間でも浄土往生できるようにならなければ、正覚を得まい、という法蔵菩薩（修行を完成して阿弥陀仏と成る前の状態）の誓願（第十八願・念仏往生の願）に発する、いわば、仏から凡夫への恩寵にほかならない。本来ならば、自分自身が作りだした業に因って、思い通りにならない次の生涯へ趣くのが縁起法の道理であるにもかかわらず、念仏往生できるのは、破格のはからいなのである。

どこに生まれ変わるのかわからない場合の業に因る輪廻転生（業報輪廻）では、前の生涯で親しかった人と再び出会うことなど、ありえないという。註（6）と同書の八三、一八一頁参照。浄土宗総合研究所編『浄土三部経』浄土宗務庁、二〇一一年、一三二―一三三頁参照。

それを思えば、震災で死別した人との〈再会〉を〈天国〉でかなえたいと願う人びとが「生まれ変わっても、また会おう」とは決して言わないことの理由も、理解できるのである。浄土経典に関する知識の有無にかかわらず、生まれ変わった先で、会いたい人が待っているという確証がないことはわかるので、〈天国〉へ直行したいのであろう。

(30)【81頁】註（19）と同書、七四六頁。

(31)【82頁】修行道場としての浄土に往生するのを「往相《おうそう》」、浄土で仏道修行を完成してこの世に還るのを

「還相《げんそう》」という。往生とは、浄土に生まれたいという願いを、阿弥陀仏の本願によってかなえてもらえる、願いどおりになる「転生《てんしょう》」のことで、「願生輪廻」という。それに対して、自分自身の業（身口意《しんくい》）に因って引き起こされる「業報輪廻」は、願っても思い通りにならない、苦しみの転生を意味する。

(32)【84頁】彦悰箋『大唐大慈恩寺三蔵法師伝』（六八八年）における「莫賀延磧」の条は、玄奘が盗賊の危難に遭った際、観世音菩薩と『般若心経』を念じたと記す。とりわけ、『般若心経』の結びにあらわれる陀羅尼は、経文の威力（霊力）を凝縮した厄除けの呪文として、繰り返し唱えられた。その際の玄奘を作画した例としては、監修・塚本啓祥、脚本・瓜生中、作画・芝城太郎の『まんが　大乗仏教―中国編―』（佼成出版社、二〇〇六年、一二四―一二六、二三八頁）がある。

(33)【86頁】水野弘元著『釈尊の生涯』春秋社、一九八五年、一一六頁。同書、九一、一二四頁参照。

(34)【88頁】宮澤賢治作『心象スケッチ 春と修羅 第一集』の序を飾る詩句。『宮澤賢治集』昭和文学全集14、角川書店、一九五七年、一五四頁。

(35)【89頁】これらは、生命現象の正常な新陳代謝を阻害する様々な疾患、例えば、「しこり」「こぶ」「膿」「鼻づまり」「腫れ物」「胆石」「腸閉塞」「動脈瘤」「脳梗塞」「腫瘍」などのように、どこかに詰まって滞る部分ができ、順調に、サラサラと流れていかない、凝り固まった状態にも、みることができる。人間社会でも、「溜まり場」のできる場所は、風紀を乱し、安全な生活を阻害することが多い。田中かの子「『仏教看護』の仏教的本質について―宗教学的視座からの一考察―」（『仏教看護・ビハーラ』第4・5号、仏教看護・

ビハーラ学会、二〇一〇年、二二〇頁）参照。

(36)【91頁】『般若心経』の能説主《のうせしゅ》（説法者）は、観自在菩薩（アヴァローキテーシュヴァラ）であり、主な対告衆《たいごうしゅ》（説法の相手）は、仏陀（釈尊）の十大弟子といわれる仏弟子のなかでも、智慧第一と称される舎利弗（シャーリプトラ）である。そのため、経文の最初のほうには、観自在菩薩が「舎利子」（シャーリプトラよ）と呼びかける言葉が二度、出てくる。このように、経文は、もともと、説法の場面をあらわしているのだから、たとえ葬儀の場でも、語りかけるような、やわらかい口調で読経するべきなのである。

(37)【91頁】インドやスリランカの仏教僧は、その態度もそうだが、まことに明朗な節をつけて、パーリ語のお経を朗誦する。パーリ語自体の韻律が明朗だからかもしれない。漢文のお経は、その字面とともに、荘重ではあるが、どちらかといえば堅苦しい感じのする調べになるので、損である。この点は、インドで誕生した当初の仏像が明朗な態度であったのに対し、チベット、中国、東南アジア、韓国、そして日本へと伝来した仏像が徐々に、明朗さに代わる情緒を付与されていったのと、併行しているように思われる。

(38)【91頁】盆踊りで、二つに折れた編み笠を目深にかぶって踊る女性の列を見ていると、顔が隠れているために、どこの誰なのかが判別できない。匿名の姿でいるのは、踊り手のなかに、先祖が参加していてもおかしくないようにするための配慮なのだ、と北陸の友人が教えてくれた。まことに、奥ゆかしい文化ではないか。

(39)【92頁】これに対して、正面向きではない視線、つまり、斜め横を見る視線の顔を写した・描いた写真もしくは絵画は、観る者の視線をとらえない。イエスと、生神女《しょうしんにょ》マリアを始めとする諸聖人を描いた板絵であるイコン（東方正教会）のなかでも、イエスの顔には、そのような例がみられる。こちらと視線を合わせないのは、イエスがこの世ならぬ神の世界を見つめているからである。因みに、葬儀での遺影にも、斜め横を向いているものがある。その場合は、故人の人柄が出ていて、よく撮れているから、選ばれたのであろう。

(40)【98頁】二〇一〇年の流行語大賞にも選ばれた「断捨離」は、やましたひでこ（山下英子）がヨーガ思想の「断行」「捨行」「離行」にヒントを得た、暮らし方のコンセプト（造語）であるが、営利目的での使用を禁じるために商標登録されている点が、無私を基本とする宗教的な社会活動と根本的に異なる。ここでの「断」は、入ってくる要らない物を絶つ、「捨」は、家にずっと置いてある不要なものを捨てる、「離」は、物に対する執着から離れることを、主に指しているが、たんなる物の片づけではなく、物にこだわる自分自身の心を見つめ直し、物にとらわれない自由な心で生きられるようになることを目標にしているという。漢字を用いる以上は、仏教（漢訳仏典）からの影響を否定することはできないだろう。

ここで注意したいのは、物を極力捨てた部屋に住むミニマリストになったからといって、それが即ち「断捨離」の実践であるとは限らないという点である。物に囲まれていても、物に執着しないで生きることは可能だし、無一物でも、心のなかが物欲に支配されていれば、物に恵まれているよりも不幸な状態だからである。やました氏の「断捨離」は、「要らない物」の処理を前提としているので、片づけ術から精神論への移行あるいは飛躍には、無理があるように思われてくる。

(41)【100頁】これは、熊本地震（二〇一六年四月一四日の午後九時二六分と、そのわずか二日後の、四月一六日、午後一時二五分に始まる、二つの断層による連動的な地震。震央の熊本地方は、震度7）で被災した友人から聞いた話である。

(42)【101頁】ハラッパー考古学研究プロジェクトが制作した、モヘンジョ・ダロにおける「市街地市門の復元図」(想像図)参照。ＮＨＫ・ＮＨＫプロモーション編集『２０００年・ＮＨＫ放送75周年事業 世界四大文明展』ＮＨＫ・ＮＨＫプロモーション、二〇〇〇年、一七九頁。

(43)【102頁】たためば立体に、広げれば、元の平面(正方形、長方形、三角形、円形など)に戻る折り紙細工の手法を活かせば、コンパクトにたためて、組み立ても簡単な、災害時に役立つものを製作できる。

(44)【104頁】例えば、曹洞宗の修行道場で、雲水が寝起きするのは「単」と呼ばれる畳一畳分しかない空間である。食事するのも、面壁して坐禅するのも、睡眠をとるのも、その場所でおこなう。

(45)【108頁】アルファー波を出す潮騒、滝の流れ、川のせせらぎ、などの水音に加え、虫の声、鳥の鳴き声などが聞こえてくる、自然音のみで構成されたＣＤが望ましい。なかには、自然音の合間に、クラシック音楽を挿入した製品もあるが、それが自分の好みに合った曲ではない場合は、苦痛に感じられてしまう。
自然音だけのＣＤとしては、例えば、二〇〇〇年に発売された『月光の屋久島　中田悟&石川賢治』(東芝ＥＭＩ)がある。中田氏の収録音を聴きながら、石川氏の撮影したカラー写真を鑑賞できる。56、57分間に一六の場面が展開するが、イヤホンで耳を傾けているあいだは、周囲の雑音をうるさく思う気持ちがうすらぎ、安らぐのを感じる。

(46)【114頁】例えば、ネット通販の最大手であるアマゾンでは、商品についての質問や意見を述べられる「出品者に連絡」の欄を設けているし、「カスタマーレヴュー」で商品の長所と短所を指摘することで、或る商品の製造を継続すれば、それなりの需要があることを説明することもできる。

メーカーとカスタマーの両方にヒントを与えられる。また、メーカーの担当者に直接、被災地の事情を知らせ、

(47)【118頁】海外に出た時、それが当たり前ではないことを痛感する。例えば、インドではシャワーしかないし、湯が出ないことが多い。高温になる夏場は、水が湯になるが、水量は、糸を引くような少なさである。ヨーロッパでも、日本のような湯船はなく、半身浴がかろうじてできるバスタブである。筆者が暮らしていた英国の大学都市でも、家賃の高いアパートにもかかわらず、給湯設備がうまくはたらかず、シャワーも使えなかった日が多かった。日本のように湿潤ではなく、乾燥しているせいもあるのか、英国人は、たまにしか風呂に入らない。だが、肉を主食としているので、人によっては、体臭が強く、その臭い消しに、香水を常用する。したがって、毎日のように入浴する日本人が、浴槽にあふれんばかりに湯を満たし、その日のうちに、栓を抜いて、湯を捨ててしまうのを見ると、水を恵んでくれている日本列島の自然が、いつまでもつのかと、案じられてくるのである。

(48)【120頁】単三電池を入れる電動式は、電池が切れれば無用の長物になるし、重いという難点があるが、噴射の力が、温水洗浄便座のそれに近いためか、好んで使う人もいる。手動式は、手加減で自由に水流の速さを調節できる。電動も手動も、出先・旅先で、水を調達できる。その場で汲んだ新鮮な水を何度でも取り替えられ、その日のうちに使い切ってしまえるので、衛生的である。一日の終わりに、よく水分を切って、乾かし、細菌の増殖を抑えることが大切だ。

(49)【120頁】インドでは、トイレにしゃがんだ場合の、向かって左側に、水の出る蛇口があり、その近くには、

コップが置いてある。他人との共用を嫌う人は、自分専用のコップに洗面所の蛇口から水を汲んでからトイレに入るのを習慣づけている。

(50)【121頁】文字通り、川が流れている上に、穴を開けたやぐらを組み、壁で囲ったトイレである。糞尿は、川に流され、魚などの餌《エサ》になる。自然界でのリサイクルなので、ゴミ処理場や下水施設のコストはかからない。

(51)【121頁】温水洗浄便座のハイテクは、電気と、ふんだんに水を供給する水道の両方によって機能している。電気は、暖房便座と室内暖房によりトイレでの冷えをなくし、ノズルから温水を噴出する洗浄装置をはたらかせる。水は、便器の自動洗浄装置によって流れ、トイレ掃除の負担を軽減してくれる。これらの快適さは、いまも、世界中の注目を浴びているのだが、その快適さのなかにも、実は、健康を損なう恐れのある欠点があることを知る人は少ないようである。例えば、

（1）温水洗浄を快適なものとして常用していると、洗浄しすぎてしまうことから、皮膚の角質層が壊れて乾燥し、有益な細菌類まで排除するので、免疫力の低下をまねく。

（2）温水洗浄便座に慣れてしまうと、清潔症候群に陥り、温水洗浄機能のないトイレ環境を不便・不潔と思い込む。そのストレスで便秘になって体調を崩す。

（3）洗浄のために温水を噴出するノズルには、排泄後の箇所を洗った直後の温水が落ちかかり、ノズルの収納中は、その汚れが、細菌を増殖させる。ノズルの掃除は、各メーカーによって指導されてはいるが、定期的な部品交換をしなければ、行き届いたメンテナンスをおこなうのは難しい。

（4）停電になれば、全機能がストップし、温水が流れていた箇所の細菌が一気に増え、停電前までの清潔さが損なわれる。

以上の4点をみるだけでも、コップに何度でも新鮮な水を汲んで、洗浄できるインド式のトイレ作法のほうが、いかに清潔かを知るのである。両手を自在な角度に調節しながら、水を使い、一度用いた水は、流し落とすだけなのも、ノズルよりも優れた点である。

ただ、肩関節などに障害があって、洗うべき身体の部位に腕を持っていけない場合、自力では洗えない。この点については、ノズルのほうが便利である。

以上の問題も含め、インド式のライフスタイルから学ぶべきことについては、田中かの子「インド社会に対するラベリングの諸問題」（『埼玉県立大学紀要』第12巻、二〇一〇年、九七―一〇九頁）参照。田中かの子「インド社会の医療現場でみた死生観」（『埼玉県立大学紀要』第13巻、二〇一一年）では、病室においても親族との結束が固く、同室の患者にも協力的なインド人の生活態度について詳述している。

(52)【123頁】増谷文雄・全訳注『正法眼蔵』一、講談社学術文庫、二〇〇四年、一一七―一一八頁。

(53)【124頁】建設現場や野外コンサートなどで利用されているボックス型の仮設トイレのなかには、臭気の発生を抑える簡易水洗タイプがある。一回あたり、およそ二〇〇CCの水が流れるという（特定非営利活動法人日本トイレ研究所編『東日本大震災　3・11のトイレ　現場の声から学ぶ』二〇一三年参照）。

だがこれは、排泄物を流し落とすための水なので、やはり、インド式のトイレ作法を併用する必要があるだろう。二〇〇CCといえば、コップ一杯の分量である。

(54)【125頁】避難所の付近では清潔な砂は確保できない。猫などのトイレに使用していた消臭用の砂がいかに特別なもの（贅沢品）であったかということを、災害時に気づかされる。砂よりもむしろ、水中で増殖しながら浮遊する好気性微生物群に、有機物としての糞尿を餌にしてもらい、浄化処理する活性汚泥法を、避難所でのトイレにも応用してはどうか。下水処理等での絶大な効果は、すでに立証済みだからである。

(55)【125頁】何重にも重ねられるのは、ほんの少しずつ大きさを変えた箱を作るからである。いわゆる「入れ子・入籠」といわれるもので、大小の人型容器を順次に重ね合せた、ロシアのマトリューシカもその一例。

　正方形の折り紙（新聞紙、広告紙など）のサイズを、およそ2～3ミリずつ大きくしたものを、たくさん用意しておく。より小さい箱を、より大きい箱に入れることによって、幾重にも重ねた、分厚い一つの箱になる。その分厚くなった箱を覆いかぶせられる大きさの箱をフタとして作れば、箱の中身（排泄物の入ったポリ袋）を隠し、臭気を少しでも抑えられるのだ。たんに、新聞紙で包んだ場合よりも、密閉性が高くなるだろう。

　なお、新聞紙や広告紙には、ある程度の吸湿性と吸水性が認められるので、箱を包んだポリ袋を紙で包んだものを、さらにポリ袋の中に入れれば、消臭効果が上がる。その際のポリ袋は、上等な厚手のものではなくても、薄手の安物で充分である。いま説明したように、ポリ袋を二重にして使うからである。

(56)【129頁】『般若心経』における「・・・是諸法空相　不生不滅　不垢不浄　不増不減」の「不垢不浄」（汚れたものでもなく、汚れを離れたものでもなく）というのも、浄不浄の価値判断に確かな根拠（実体）がないことを表現しているのである。

(57)【130頁】第2章の「堪えがたい〈絆〉」は、選んで生まれてくることができないがゆえに束縛される家族の〈絆〉であったし、第3章の「恵まれた〈絆〉」も、家族単位の〈絆〉という意味では、「与えられたもの」にすぎない。

(58)【130頁】その思いの深さが、帰らぬはずの家族との〈再会〉を体験した数々のエピソードとなって、語りつがれているのであろう。例えば、奥野修司著『魂でもいいから、そばにいて　3・11の霊体験を聞く』（新潮社、二〇一八年）に収録された家族の〈絆〉は、〈絆〉という言葉のマイナス面を払拭し、いささか食傷気味にさせられるほどの美談ばかりである。悲惨な話（家庭での不和や暴力など）に眼をそむけたがる世間の人びとが欲するものの典型を、そこにみる思いがする。

(59)【133頁】彼女らは、筆者と同じく、インド国立デリー大学の大学院生で、インド社会では、比較的裕福な家庭で生まれ育った人ばかりだった。なかには、大富豪の令嬢もいた。だが、その全員が、何の不平不満も言わず、給湯設備さえ満足に機能しないような耐久生活を送っていたのである。修行生活に類する鍛錬の場になっていたというよりは、ありのままを受け容れ、行水バケツのリレーを楽しんでいるように見えた。その何気なさが楽しく、快かったのを、懐かしく思い出す。

(60)【134頁】数滴の水を手のひらに垂らしただけでも、洗浄の用を足すことはできる。また、ヘレン・ケラー（一八八〇—一九六八年）の手に降りかかった冷たい水の感触が「ｗａｔｅｒ」という綴りの意味を直感させたように、わずかな水でも、人間の心を呼び覚ます力を持っている（アン・サリバン著、槇恭子訳『ヘレン・ケラーはどう教育されたか』明治図書、二〇〇二年改版、三二頁参照）。

節水を心がければ、水というものの存在感が際立ち、水に感動する機会が増えるので、暮らしを豊かにすることが、できるようになるのである。

※3・11当初から海外で配信されていた「日本から学ぶ10のこと」（本書57頁参照）の英文和訳（筆者訳）

⑴冷静さ（おおげさに嘆く態度はみられず、ただ悲しみだけが込みあげてくる情景）、⑵威厳（水や食料を求める人びとの列は規律正しく、乱暴な言動はみられない）、⑶能力（信じがたいほど有能な建築士。ビルは揺れても倒れなかった）、⑷品格（取りあえず必要なものしか買わないので、皆が何かを手に入れた）、⑸秩序（店舗からの略奪行為はなく、道路では、わめいたり割り込んだりせず、理解を示しあう）、⑹犠牲的精神（原子炉を海水で冷却するために踏みとどまった50人は報われるのか）、⑺優しさ（レストランは値下げし、ＡＴＭも無事、強い者は弱い者の世話をしている）、⑻しつけ（老人も子どもも、為すべきことを心得て、それを淡々とこなしている）、⑼メディア（ニュース速報の驚くべき落ち着き。愚かなリポーターはいない。冷静に報道するだけ）、⑽良心（店舗の停電時、買おうと手にしていた物を棚に戻すと、静かに立ち去った）。

本書のキーワード20選

1 〈絆の二面性〉
安心や信頼のみならず、ストレスや束縛の要素もある、人との結びつき。

2 〈特別失踪者〉※〈特異行方不明者〉ともいう。〈普通失踪者〉に対する語。
当人には家出や失踪などの意思がなく、何らかの事故や災害に遭遇している行方不明者。

3 〈生者と死者〉※〈死者〉という言葉にも、〈生者〉と同等の生命感がある点に注目したい。
〈死者〉扱いされた人と共に生きる日常を送る人は、生と死の二分法を受け容れない。

4 〈カムパネルラ〉※どこかで生きているという希望を持たせてくれる、物語の登場人物。
舟から川に落ちた級友のザネリを助けてから行方不明になった、ジョバンニの親友。

5 〈必然よりも偶然〉※震災で辛くも生き残った人の多くが「たまたま助かった」と証言している。
運命の定めを信じるよりも、予測のつかない状況のなかで最善を尽くそうとする態度。

6 〈犠牲者〉※キリスト教では、イエスの贖罪死のなかに「犠牲」（いけにえ）の意味を込める。
誰かの罪を、身代わりとなって償ってくれる者。罪の当事者が責任を問われない場合がある。

7 〈優しい言葉〉※仏教では「愛語」という。本書では、〈暖かい布団〉の関連語として登場する。
人を思いやる言葉をかけ合わない社会のなかで人を癒やすのは、〈暖かい布団〉の温もりか。

8 〈帰りたくない人たち〉※Mさんと邂逅した不思議な男性の言葉（第2章の2節参照）。
帰りたくなる家、戻りたい故郷や職場を持つ幸いが、当たり前ではないことを知る人びと。

9 〈愛別離苦（あいべつりく）と怨憎会苦（おんぞうえく）の真意〉※仏教用語。
どちらをも当然視・正当化せず、愛憎による選り好みの心を見つめるように促している。

10 〈怨親平等（おんしんびょうどう）〉※仏教用語。〈怨親不二（おんしんふに）〉ともいう。
自分が相手を、相手が自分を、好きか嫌いかにかかわらず、分け隔てなく慈しむ態度。

11 〈不生不滅（ふしょうふめつ）〉※仏教用語。『般若心経』の一節にみられる。
際限もなく、生じてはまた、別のものに姿を変えてゆく、生命を含む、この世の現象。

12 〈要配慮者〉※既成の防災用語。
手助けの必要な、高齢者、子ども、障害者、妊婦、授乳中の母親、要介護者、外国人など。

13 〈被災者教育〉※筆者の造語。
戦地と同様、被災地にもみられるモラルの低下を、未然に防ぐための呼びかけと警戒態勢。

14 〈自利利他的コミュニティー〉※「自利《じり》・利他《りた》」は、衆生済度を誓う人（菩薩）の修行態度。
災害時の避難所生活のなかで、誰もが必要とするものを手作りするための協同体。

15 〈バリア用品〉※筆者の造語。
避難所生活のあいだ、プライヴェート空間を確保するためのバリア（防壁）となるもの。

16 〈個室シェルター〉※筆者の造語。
体育館や校舎などの避難所の室内に設置する〈バリア用品〉の一例。一人用のシェルター。

17 〈洗浄〉※神道の〈禊祓〉の他、あらゆる宗教で重んじられている身心の浄め。
ここでは、筆者がインドで学び、3・11の際にも活かしたトイレ作法の〈洗浄〉を指す。

18 〈トイレ作法〉※無駄のない、永年、培われてきた、確かな「作法」。
停電・断水では使えないハイテクの温水洗浄便座よりもはるかに簡便で、節水もできる方法。

19 〈水と紙〉※わずかな〈水と紙〉を上手に活かして、災害時の生活を乗り切りたい。
水と紙をふんだんに使うことを許してきた日本の自然が、いかに貴重なものかに気づこう。

20 〈解放と自由〉
与えられた〈絆〉から解放され自由になるだけではなく、自主的な〈絆〉を創造してみよう。

【推薦図書】

(1) 草谷桂子著『3・11を心に刻むブックガイド』子どもの未来社、二〇一三年。絵本、児童文学、科学、マンガ、紙芝居、俳句、短歌、写真などの三百冊を紹介。子どもの本を中心とした選りすぐりの創作と実話。

(2) 東京都総務局総合防災部防災管理課編集・発行『東京防災』二〇一五年。自然災害、テロ、感染症などへの備え・対策・情報を集めた一冊(全三三八頁)。東京都民以外にも通用する行き届いた内容になっている。
「断水時のトイレの使い方」(二〇〇頁)で、排水ごとにバケツ一杯分もの水が必要、としている点は、再検討を要する。給水車から調達した水には限りがあるからである。「簡易トイレの作り方」(二〇一頁)では、排水できない既存トイレ、大型バケツ、段ボール箱などにポリ袋を敷き、砕いた新聞紙を入れる、とあるが、複数人による複数回の使用を想定しているので、それを捨てに行くまでの衛生管理に難点がありそうだ。

著者略歴

田中　かの子（たなか　かのこ）

東京生まれ

1986年　玉川大学文学部英米文学科英米文学専攻卒業

1994年　駒澤大学大学院人文科学研究科博士課程仏教学専攻修了

1994年12月、インド国立デリー大学大学院人文科学研究科博士課程にて
　　　　Ph.D.（哲学博士号）取得

1994～1997年　日本学術振興会特別研究員

1995～1996年　ケンブリッジ大学客員研究員

1999年　比較思想学会賞（研究奨励賞）受賞

現在　駒澤大学講師

研究領域　インド仏教文化史、比較宗教学、社会貢献型の文化人類学
　ヒューマンケア（医療や教育の場における人間学の実践）
　フィロソフィー（実地経験→思索と創造→教育と評価）

著書　『アジアの宗教と精神文化』（共著、新曜社、1997年）
　Absence of the Buddha Image in Early Buddhist Art
　− Toward its Significance in Comparative Religion −,
　D.K.Printworld (P) Ltd., New Delhi, 1998
　『比較宗教学「いのち」の探究』（北樹出版、2011年、新装改訂版）

※上記の単著二冊と本書におけるカバーデザインは、
本のメッセージを担う著者自身が行なっている。

※本書のカバー：花弁が扇状に広がった文様はパルメット、
もうひとつの、丸く流れるような文様は、雲文という。
玉蟲厨子彩画の唐草文様（法隆寺大宝蔵殿）に取材している。
風に吹かれ、花を咲かせては、姿を変えてゆく自然の光景に、
〈絆〉からの解放と自由を求める人びとの想いを重ね合わせた。

3・11 ―〈絆〉からの解放と自由を求めて

2018年7月20日　初版第1刷発行
2020年5月25日　初版第2刷発行

著　者　田　中　かの子

発行者　木　村　慎　也

・定価はカバーに表示　　印刷　恵友社／製本　川島製本

発行所　株式会社　北　樹　出　版

URL:http://www.hokuju.jp

〒153-0061　東京都目黒区中目黒1-2-6　電話(03)3715-1525(代表)

ISBN978-4-7793-0581-8
(落丁・乱丁の場合はお取り替えします)